Kuchnia przeciwzapalna 2023

Smakowite dania dla zdrowia Twojego ciała

Joanna Kowalska

spis treści

Pikantne brokuły, kalafior i tofu z czerwoną cebulą...............17
Składniki:...............17
Adresy:...............18
fasola i łosoś 19
Porcje: 4...............19
Składniki:...............19
Adresy:...............20
porcje zupy marchewkowej...............21
Porcje: 4...............21
Składniki:...............21
Adresy:...............22
Porcje zdrowej sałatki z makaronem...............23
Porcje: 6...............23
Składniki:...............23
Adresy:...............23
Porcje curry z ciecierzycy...............25
Porcje: 4...............25
Składniki:...............25
Adresy:...............26
Strogonow z mielonej wołowiny Składniki:...............28
Adresy:...............28
Porcje żeberka z sosem 30
Porcje: 4...............30
Składniki:...............30

Adresy: 31

Bezglutenowa Zupa Z Kurczaka Z Makaronem 32

Porcje: 4 32

Składniki: 32

Porcje curry z soczewicy 34

Porcje: 4 34

Składniki: 34

Adresy: 35

Smażony Kurczak I Groch 37

Porcje: 4 37

Składniki: 37

Adresy: 38

Soczyste brokuły z anchois i migdałami Porcje: 6 39

Składniki: 39

Adresy: 39

Paszteciki z shiitake i szpinakiem 41

Porcje: 8 41

Składniki: 41

Adresy: 42

Sałatka Z Brokułów I Kalafiora 43

Porcje: 6 43

Składniki: 43

Adresy: 44

Chińska sałatka z kurczakiem 46

Porcje: 3 46

Składniki: 46

Adresy: 47

Papryka faszerowana komosą ryżową i amarantusem Porcje: 4 49

Składniki: 49

Filet rybny w chrupiącej panierce z sera Porcje: 4 50

Składniki: 51

Adresy: 51

Białkowe fasole i zielone nadziewane muszle 53

Składniki: 53

Składniki na azjatycką sałatkę z makaronem: 56

Adresy: 56

Porcje łososia i zielonej fasoli 58

Porcje: 4 58

Składniki: 58

Adresy: 59

Składniki na kurczaka faszerowanego serem: 60

Adresy: 61

Rukola z dressingiem z gorgonzoli 62

Porcje: 4 62

Składniki: 62

Adresy: 62

porcje zupy z kapusty 64

Porcje: 6 64

Składniki: 64

Porcje ryżu kalafiorowego 65

Porcje: 4 65

Składniki: 65

Adresy: 65

Porcje szpinaku i feta frittata 67

Porcje: 4 67

Składniki: 67

Adresy: 67

Naklejki z pieczonego kurczaka Składniki: 69

Adresy: 70

Krewetki czosnkowe z grysem kalafiorowym Porcje: 2 71

Składniki: 71

Adresy: 72

Tuńczyk z brokułami 73

Porcje: 1 73

Składniki: 73

Adresy: 73

Zupa z krewetek z dyni piżmowej Porcje: 4 75

Składniki: 75

Adresy: 76

Pikantne pieczone kulki z indyka Porcje: 6 77

Składniki: 77

Adresy: 77

Porcje jasnej zupy z małży 79

Porcje: 4 79

Składniki: 79

Adresy: 80

Porcje ryżu i kurczaka w garnku 81

Porcje: 4 81

Składniki: 81

Adresy: 82

Smażone krewetki Jambalaya Jumble Porcje: 4 84

Składniki:..84

Chili Porcje Kurczaka...86

Porcje: 6..86

Składniki:..86

Adresy:..87

Porcje zupy z czosnku i soczewicy 88

Porcje: 4..88

Składniki:..88

Ostra Cukinia I Kurczak W Klasycznym Santa Fe Stir-Fry......................90

Składniki:..90

Adresy:..91

Tilapia tacos z imponującą sałatką z imbiru i sezamu 92

Składniki:..92

Adresy:..93

Gulasz z soczewicy curry 94

Porcje: 4..94

Składniki:..94

Adresy:..95

Sałatka Caesar z Jarmużem Z Grillowanym Kurczakiem Wrap 96

Porcje: 2..96

Składniki:..96

Adresy:..97

Sałatka z fasoli i szpinaku Porcje: 1 98

Składniki:..98

Adresy:..98

Łosoś w panierce z orzechami włoskimi i rozmarynem Porcje: 6 99

Składniki:..99

Adresy: 100

Pieczone Bataty Z Czerwonym Sosem Tahini Porcje: 4 101

Składniki: 101

Adresy: 102

Porcje włoskiej letniej zupy z dyni 103

Porcje: 4 103

Składniki: 103

Adresy: 104

Porcje zupy szafranowo-łososiowej 105

Porcje: 4 105

Składniki: 105

Pikantno-Kwaśna Zupa Pieczarkowa z Krewetkami o Tajskim Smaku 107

Składniki: 107

Adresy: 108

Orzo z suszonymi pomidorami Składniki: 110

Adresy: 110

Porcje zupy pieczarkowo-buraczkowej 111

Porcje: 4 111

Składniki: 112

Adresy: 112

Klopsiki z kurczaka z parmezanem Składniki: 114

Adresy: 114

Pulpety Alla Parmigiana Składniki: 116

Adresy: 117

Chleb Z Piersi Indyka Z Zapiekanymi Warzywami 118

Składniki: 118

Adresy: 118

Kremowa wieprzowina i pomidory Porcje: 4 120

Składniki: 120

Adresy: 120

Porcje polędwicy cytrynowejporcje: 2 122

Składniki: 122

Kurczak Z Brokułami Porcje: 4 124

Składniki: 124

Adresy: 124

Chrupiąca Polędwiczka Z Kurczaka Porcje: 4 125

Składniki: 125

Adresy: 125

Schab z Pieczarkami i Ogórkami Porcje: 4 126

Składniki: 126

Adresy: 126

porcje udek z kurczakaporcje: 4 128

Składniki: 128

Adresy: 128

Balsamiczny grillowany kurczak Porcje: 4 130

Składniki: 130

Adresy: 130

Porcje steków i grzybówporcje: 4 132

Składniki: 132

Adresy: 132

Porcje mięsne Liczba porcji: 4 133

Składniki: 133

Adresy: 133

Brzoskwiniowe Porcje Kurczakaporcje: 4-5 135

Składniki: 135

Adresy: 135

Porcje mielonej wieprzowiny 137

porcje: 4 137

Składniki: 137

Adresy: 138

Wieprzowina z pietruszką i karczochami Porcje: 4 139

Składniki: 139

Adresy: 140

Wieprzowina z batatami i tymiankiem Porcje: 4 141

Składniki: 141

Adresy: 142

Mieszane wieprzowe curry Liczba porcji: 4 143

Składniki: 143

Adresy: 143

Smażony kurczak i brokuły Porcje: 4 145

Składniki: 145

Adresy: 145

Porcje kurczaka i brokułówporcje: 4 147

Składniki: 147

Adresy: 148

Śródziemnomorska Pieczona Kurczak Z Warzywami Porcje: 4 149

Składniki: 149

Adresy: 149

Bębki z kurczaka z Hidden Valley Porcje: 6 - 8 151

Składniki: 151

Adresy: 151

Balsamiczny Kurczak I Fasola Porcje: 4 153

Składniki: 153

Adresy: 153

Porcje włoskiej wieprzowinyporcje:6 155

Składniki: 155

Adresy: 156

Kurczak i Brukselka Porcje: 4 157

Składniki: 157

Adresy: 157

Składniki na Kanapkę Z Kurczaka 158

Adresy: 158

porcje parmezanu z kurczakaporcje: 4 159

Składniki: 159

Adresy: 159

Wystawne indyjskie porcje curry z kurczaka 161

porcje:6 161

Składniki: 161

Adresy: 162

Wieprzowina z balsamicznym sosem cebulowym Porcje: 4 164

Składniki: 164

Adresy: 164

Składniki: 165

Adresy: 166

Wieprzowina z gruszkami i imbirem Porcje: 4 167

Składniki: 167

Adresy: 167

Porcje Kurczaka Maślanegoporcje:6 169

Składniki: 169

Adresy: 169

Gorące skrzydełka z kurczaka Porcje: 4 - 5 170

Składniki: 170

Adresy: 170

Kurczak, makaron i groszek Porcje: 1-2 172

Składniki: 172

Adresy: 172

Składniki: 173

Adresy: 174

Morelowe Skrzydełka Z Kurczaka Porcje: 3 - 4 175

Składniki: 175

Adresy: 175

Uda z kurczaka Porcje: 4 177

Składniki: 177

Adresy: 177

Chrupiące Kurczaki Porcje: 4 178

Składniki: 178

Adresy: 178

Mistrzowskie kieszonki z kurczaka Porcje: 4 180

Składniki: 180

Adresy: 180

Kurczak z grilla Porcje: 4 182

Składniki: 182

Adresy: 183

Mieszanka Rzodkiewek Z Kurczaka Porcje: 4 184

Składniki: 184

Adresy:..184

Porcje Kurczaka Katsuporcje: 4 185

Składniki:..185

Adresy:..186

Gulasz z kurczaka i słodkich ziemniaków Porcje: 4................................187

Składniki:..187

Adresy:..187

Żeberka z rozmarynem Porcje: 4 189

Składniki:..189

Adresy:..189

Frittata z kurczakiem, papryką i szpinakiem Ilość porcji: 8 191

Składniki:..191

Adresy:..191

Grillowany kurczak Dal Porcje: 4 193

Składniki:..193

Adresy:..193

Taquitos z kurczaka Porcje: 6 195

Składniki:..195

Adresy:..195

Porcje wieprzowiny z oregano..197

porcje: 4..197

Składniki:..197

Adresy:..198

Kurczak Zapiekany z Awokado Porcje: 4...199

Składniki:..199

Adresy:..199

Pieczone piersi z kaczki w pięciu smakach Porcje: 4 201

Składniki: 201

Adresy: 201

Kotlety schabowe z sosem pomidorowym Porcje: 4 203

Składniki: 203

Adresy: 204

Toskański kurczak z pomidorami, oliwkami i cukinią 205

Składniki: 205

Adresy: 206

Porcje Sałatki Wieprzowejporcje: 4 207

Składniki: 207

Adresy: 208

Porcje wieprzowiny i fasolki szparagowejporcje: 4 209

Składniki: 209

Adresy: 210

Porcje piersi z kurczakaporcje: 4 211

Składniki: 211

Adresy: 211

Wieprzowina z Chili Cukinią I Pomidorami Porcje: 4 212

Składniki: 212

Adresy: 213

Wieprzowina z oliwkami Porcje: 4 214

Składniki: 214

Adresy: 214

Pasztet z łososia i koperku 216

Składniki: 216

Adresy: 216

Pieczone jabłka z przyprawami Chai Porcje: 5 217

Składniki: 217
Adresy: 217
Chrupiące Porcje Brzoskwiniporcje:6 219
Składniki: 219
Adresy: 219

Pikantne brokuły, kalafior i tofu z czerwoną cebulą

Porcje: 2

Czas gotowania: 25 minut

Składniki:

2 szklanki różyczek brokuła

2 szklanki różyczek kalafiora

1 średnia czerwona cebula, pokrojona w kostkę

3 łyżki oliwy z oliwek extra vergine

1 łyżeczka soli

¼ łyżeczki świeżo zmielonego czarnego pieprzu

1 funtowe twarde tofu, pokrojone w 1-calową kostkę

1 posiekany ząbek czosnku

1 kawałek (¼ cala) świeżego imbiru, posiekanego

Adresy:

1. Rozgrzej piekarnik do 400°F.

2. Połącz brokuły, kalafior, cebulę, olej, sól i pieprz na dużej blasze do pieczenia z brzegiem i dobrze wymieszaj.

3. Grilluj, aż warzywa będą miękkie, od 10 do 15 minut.

4. Dodaj tofu, czosnek i imbir. Piecz w ciągu 10 minut.

5. Delikatnie wymieszaj składniki na blasze do pieczenia, aby połączyć tofu z warzywami i podawaj.

Informacje żywieniowe:Kalorie 210 Tłuszcz ogółem: 15 g Węglowodany ogółem: 11 g Cukier: 4 g Błonnik: 4 g Białko: 12 g Sód: 626 mg

fasola i łosoś

Porcje: 4

Czas gotowania: 25 minut

Składniki:

1 szklanka czarnej fasoli z puszki, odsączonej i opłukanej 4 ząbki czosnku, posiekane

1 posiekana żółta cebula

2 łyżki oliwy z oliwek

4 filety z łososia, bez kości

½ łyżeczki mielonej kolendry

1 łyżeczka kurkumy w proszku

2 pomidory, pokrojone w kostkę

½ szklanki bulionu z kurczaka

Szczypta soli i czarnego pieprzu.

½ łyżeczki nasion kminku

1 łyżka posiekanego szczypiorku

Adresy:

1. Rozgrzej patelnię z olejem na średnim ogniu, dodaj cebulę i czosnek i smaż przez 5 minut.

2. Dodaj rybę i smaż przez 2 minuty z każdej strony.

3. Dodaj fasolę i pozostałe składniki, delikatnie wymieszaj i gotuj przez kolejne 10 minut.

4. Podziel mieszankę na talerze i podawaj od razu na obiad.

Informacje żywieniowe:Kalorie 219, Tłuszcz 8, Błonnik 8, Węglowodany 12, Białko 8

porcje zupy marchewkowej

Porcje: 4

Czas gotowania: 40 minut

Składniki:

1 szklanka dyni, posiekanej

1 łyżka stołowa. Oliwa z oliwek

1 łyżka stołowa. kurkuma w proszku

14 ½ uncji Mleko kokosowe, jasne

3 szklanki posiekanej marchwi

1 por, opłukany i pokrojony

1 łyżka stołowa. tarty imbir

3 szklanki bulionu warzywnego

1 szklanka posiekanego kopru włoskiego

Sól i pieprz do smaku

2 posiekane ząbki czosnku

Adresy:

1. Zacznij od podgrzania holenderskiego piekarnika na średnim ogniu.

2. W tym celu wlej olej, a następnie dodaj koper włoski, dynię, marchewkę i por. Dobrze wymieszaj.

3. Teraz smaż przez 4 do 5 minut, aż zmięknie.

4. Następnie dodaj kurkumę, imbir, pieprz i czosnek. Gotuj jeszcze przez 1 do 2 minut.

5. Następnie wlej bulion i mleko kokosowe. Dobrze wymieszaj.

6. Następnie zagotuj mieszaninę i przykryj holenderski piekarnik.

7. Gotuj przez 20 minut.

8. Po ugotowaniu przenieś miksturę do blendera wysokoobrotowego i miksuj przez 1 do 2 minut lub do uzyskania gładkiej i kremowej konsystencji.

9. Sprawdź przyprawy i w razie potrzeby dodaj więcej soli i pieprzu.

<u>Informacje żywieniowe:</u>Kalorie: 210,4 Kcal Białko: 2,11 g Węglowodany: 25,64 g Tłuszcz: 10,91 g

Porcje zdrowej sałatki z makaronem

Porcje: 6

Czas gotowania: 10 minut

Składniki:

1 opakowanie bezglutenowego makaronu fusilli

1 szklanka pomidorów winogronowych, pokrojonych w plasterki

1 garść posiekanej świeżej kolendry

1 szklanka oliwek, przekrojonych na pół

1 szklanka posiekanej świeżej bazylii

½ szklanki oliwy z oliwek

sól morska do smaku

Adresy:

1. Wymieszaj oliwę z oliwek, posiekaną bazylię, kolendrę i sól morską.

Odłożyć na bok.

2. Ugotować makaron zgodnie z instrukcją na opakowaniu, odcedzić i przepłukać.

3. Połącz makaron z pomidorami i oliwkami.

4. Dodaj mieszaninę oliwy z oliwek i mieszaj, aż dobrze się połączy.

Informacje żywieniowe:Węglowodany ogółem 66 g Błonnik pokarmowy: 5 g Białko: 13 g Tłuszcz ogółem: 23 g Kalorie: 525

Porcje curry z ciecierzycy

Porcje: 4

Czas gotowania: 25 minut

Składniki:

2 × 15 uncji Ciecierzyca, umyta, odsączona i ugotowana 2 łyżki. Oliwa z oliwek

1 łyżka stołowa. kurkuma w proszku

½ 1 cebuli, pokrojonej w kostkę

1 łyżeczka Cayenne, zmielonej

4 ząbki czosnku, posiekane

2 łyżeczki chili w proszku

15 uncji puree pomidorowe

Czarny pieprz według uznania

2 łyżki stołowe. koncentrat pomidorowy

1 łyżeczka Cayenne, zmielonej

½ łyżki. syrop klonowy

½ z 15 uncji. puszka mleka kokosowego

2 łyżeczki mielonego kminku

2 łyżeczki wędzonej papryki

Adresy:

1. Rozgrzej dużą patelnię na średnim ogniu. W tym celu wlej olej.

2. Gdy olej się rozgrzeje, dodaj cebulę i smaż przez 3 do 4 godzin

minut lub do momentu, aż zmiękną.

3. Następnie dodać koncentrat pomidorowy, syrop klonowy, wszystkie przyprawy, przecier pomidorowy i czosnek. Dobrze wymieszaj.

4. Następnie dodaj ugotowaną ciecierzycę wraz z mlekiem kokosowym, czarnym pieprzem i solą.

5. Teraz wszystko dobrze wymieszaj i gotuj na wolnym ogniu przez 8 do 10 minut

minut lub do uzyskania gęstej konsystencji.

6. Skrop sokiem z cytryny i udekoruj kolendrą, jeśli chcesz.

Informacje żywieniowe:Kalorie: 224 Kcal Białko: 15,2 g Węglowodany: 32,4 g Tłuszcz: 7,5 g

Strogonow z mielonej wołowiny Składniki:

1 funt chudej mielonej wołowiny

1 mała cebula pokrojona w kostkę

1 posiekany ząbek czosnku

3/4 funta pokrojonych nowych grzybów

3 łyżki mąki

2 szklanki bulionu mięsnego

sól i pieprz do smaku

2 łyżeczki sosu Worcestershire

3/4 szklanki gęstej śmietany

2 łyżki świeżej pietruszki

Adresy:

1. Ciemny kotlet zmiel z cebulą i czosnkiem (starając się nie połamać niczego na wierzchu) na talerzu, aż nie będzie już różowy. Skieruj tłuszcz.

2. Dodaj pokrojone pieczarki i smaż przez 2-3 minuty. Wymieszaj mąkę i stopniowo gotuj przez 1 minutę.

3. Dodaj bulion, sos Worcestershire, sól i pieprz i podgrzej do wrzenia. Zmniejsz ogień i gotuj przez 10 minut.

Makaron jajeczny ugotować zgodnie z opisem na opakowaniu.

4. Zdejmij mięso z ognia, wymieszaj ze śmietaną i natką pietruszki.

5. Podawaj z makaronem jajecznym.

Porcje żeberka z sosem

Porcje: 4

Czas gotowania: 65 minut

Składniki:

2 funty. Żeberka cielęce

1 ½ łyżeczki oliwy z oliwek

1 ½ łyżki sosu sojowego

1 łyżka sosu Worcestershire

1 łyżka stewii

1 ¼ szklanki posiekanej cebuli.

1 łyżeczka mielonego czosnku

1/2 szklanki czerwonego wina

⅓ szklanki sosu pomidorowego, niesłodzonego

Sól i czarny pieprz do smaku

Adresy:

1. Żeberka pokroić na 3 kliny i natrzeć czarnym pieprzem i solą.

2. Dodaj olej do Instant Pot i naciśnij Sauté.

3. Umieść żeberka w oleju i smaż przez 5 minut z każdej strony.

4. Dodaj cebulę i smaż przez 4 minuty.

5. Dodaj czosnek i smaż przez 1 minutę.

6. Ubij pozostałe składniki w misce i polej żeberka.

7. Załóż pokrywkę i gotuj przez 55 minut w trybie ręcznym pod wysokim ciśnieniem.

8. Gdy to zrobisz, naturalnie zwolnij ciśnienie, a następnie zdejmij nasadkę.

9. Podawaj gorące.

Informacje żywieniowe: Kalorie 555, Węglowodany 12,8 g, Białko 66,7 g, Tłuszcz 22,3 g, Błonnik 0,9 g

Bezglutenowa Zupa Z Kurczaka Z Makaronem

Porcje: 4

Czas gotowania: 25 minut

Składniki:

¼ szklanki oliwy z oliwek extra virgin

3 łodygi selera, pokrojone w ¼-calowe plastry

2 średnie marchewki, pokrojone w ¼-calowe kostki

1 mała cebula, pokrojona w ¼-calowe kostki

1 gałązka świeżego rozmarynu

4 szklanki bulionu z kurczaka

8 uncji bezglutenowego penne

1 łyżeczka soli

¼ łyżeczki świeżo zmielonego czarnego pieprzu

2 szklanki pokrojonego w kostkę kurczaka z rożna

¼ szklanki drobno posiekanej świeżej pietruszki o płaskich liściachAdresy:

1. Rozgrzej olej na dużym ogniu w dużym garnku.

2. Dodaj seler, marchew, cebulę i rozmaryn i smaż, aż zmiękną, 5 do 7 minut.

3. Dodaj bulion, penne, sól i pieprz i zagotuj.

4. Doprowadź do wrzenia i gotuj, aż penne będzie miękkie, od 8 do 10 minut.

5. Usuń i wyrzuć gałązkę rozmarynu, dodaj kurczaka i pietruszkę.

6. Zmniejsz ciepło do niskiego poziomu. Gotuj przez 5 minut i podawaj.

Informacje żywieniowe:Kalorie 485 Tłuszcz ogółem: 18 g Węglowodany ogółem: 47 g Cukier: 4 g Błonnik: 7 g Białko: 33 g Sód: 1423 mg

Porcje curry z soczewicy

Porcje: 4

Czas gotowania: 40 minut

Składniki:

2 łyżeczki nasion gorczycy

1 łyżeczka kurkumy, mielonej

1 szklanka namoczonej soczewicy

2 łyżeczki nasion kminku

1 pomidor, duży i pokrojony

1 żółta cebula, drobno pokrojona

4 szklanki wody

Sól morska według uznania

2 marchewki, pokrojone w półksiężyce

3 garście liści szpinaku, posiekanych

1 łyżeczka posiekanego imbiru

½ łyżeczki chili w proszku

2 łyżki stołowe. Olej kokosowy

Adresy:

1. Najpierw umieść fasolę mung i wodę w głębokim rondlu na średnim ogniu.

2. Teraz zagotuj mieszankę fasoli i gotuj na wolnym ogniu.

3. Gotuj na wolnym ogniu przez 20 do 30 minut lub do momentu, aż fasola mung będzie miękka.

4. Następnie rozgrzej olej kokosowy w dużym rondlu na średnim ogniu i dodaj gorczycę i kminek.

5. Jeśli gorczyca pęknie, dodaj cebulę. Podsmaż cebulę przez 4

minut lub do momentu, aż zmiękną.

6. Wlej czosnek i smaż jeszcze przez 1 minutę.

Po aromacie wlej kurkumę i chili w proszku.

7. Następnie dodaj marchewkę i pomidora — Gotuj przez 6 minut lub do momentu, aż zmiękną.

8. Na koniec dodaj ugotowaną soczewicę i wszystko dobrze wymieszaj.

9. Dodać liście szpinaku i smażyć, aż zwiędną. Zdejmij z ognia. Podawaj na gorąco i ciesz się smakiem.

Informacje żywieniowe:Kalorie 290 Kcal Białka: 14 g Węglowodany: 43 g Tłuszcze: 8 g

Smażony Kurczak I Groch

Porcje: 4

Czas gotowania: 10 minut

Składniki:

1 ¼ szklanki cienko pokrojonej piersi z kurczaka bez kości i skóry 3 łyżki posiekanej świeżej kolendry

2 łyżki oleju roślinnego

2 łyżki nasion sezamu

1 pęczek szczypiorku, cienko pokrojony

2 łyżeczki Srirachy

2 posiekane ząbki czosnku

2 łyżki octu ryżowego

1 papryka, cienko pokrojona

3 łyżki sosu sojowego

2½ szklanki groszku

Sól dla smaku

Świeżo zmielony czarny pieprz do smaku

Adresy:

1. Rozgrzej olej na patelni na średnim ogniu. Dodaj czosnek i cienko pokrojony szczypiorek. Gotuj przez minutę, a następnie dodaj 2 ½ szklanki groszku wraz z papryką. Gotuj do miękkości, tylko około 3-4 minut.

2. Dodaj kurczaka i gotuj przez około 4-5 minut lub do całkowitego ugotowania.

3. Dodać 2 łyżeczki Sriracha, 2 łyżki sezamu, 3

łyżki sosu sojowego i 2 łyżki octu ryżowego. Mieszaj wszystko, aż dobrze się połączy. Dusić przez 2-3 minuty na małym ogniu.

4. Dodaj 3 łyżki posiekanej kolendry i dobrze wymieszaj. W razie potrzeby przełóż i posyp większą ilością nasion sezamu i kolendry. Cieszyć się!

Informacje żywieniowe:228 kalorii 11 g tłuszczu 11 g węglowodanów ogółem 20 g białka

Soczyste brokuły z anchois i migdałami Porcje: 6

Czas gotowania: 10 minut

Składniki:

2 pęczki broccolini, przycięte

1 łyżka oliwy z oliwek extra virgin

1 długa, świeża czerwona papryczka chilli, bez pestek, drobno posiekana 2 ząbki czosnku, pokrojone w cienkie plasterki

¼ szklanki naturalnych migdałów, grubo posiekanych

2 łyżeczki drobno startej skórki z cytryny

Sok z cytryny, świeży.

4 anchois w oleju, posiekane

Adresy:

1. Rozgrzać olej w dużym rondlu. Dodaj odsączone anchois, czosnek, chili i skórkę z cytryny. Gotuj do aromatu, około 30

sekund, często mieszając. Dodaj migdały i kontynuuj gotowanie przez kolejną minutę, często mieszając. Zdejmij z ognia i dodaj sok ze świeżej cytryny.

2. Następnie umieść brokuły w koszyku do gotowania na parze ustawionym nad garnkiem z gotującą się wodą. Przykryć i gotować do chrupkości, około 2 do 3 minut. Dobrze odcedź, a następnie przełóż na duży talerz do serwowania. Posyp mieszanką migdałów. Cieszyć się.

Informacje żywieniowe:kcal 350 Tłuszcz: 7 g Błonnik: 3 g Białko: 6 g

Paszteciki z shiitake i szpinakiem

Porcje: 8

Czas gotowania: 15 minut

Składniki:

1 ½ szklanki grzybów shiitake, posiekanych

1 ½ szklanki posiekanego szpinaku

3 ząbki czosnku, posiekane

2 posiekane cebule

4 łyżeczki oliwy z oliwek

1 jajko

1 ½ szklanki ugotowanej komosy ryżowej

1 ½ łyżeczki przyprawa włoska

1/3 szklanki prażonych nasion słonecznika, zmielonych

1/3 szklanki startego sera pecorino

Adresy:

1. Rozgrzej oliwę z oliwek w rondlu. Po podgrzaniu smaż grzyby shiitake przez 3 minuty lub do lekkiego zwęglenia. Dodaj czosnek i cebulę. Smaż przez 2 minuty lub do momentu, aż stanie się aromatyczny i półprzezroczysty. Odłożyć na bok.

2. W tym samym rondlu rozgrzej pozostałą oliwę z oliwek. Dodaj szpinak. Zmniejsz ogień, następnie gotuj na wolnym ogniu przez 1 minutę, odcedź i przełóż do durszlaka.

3. Drobno posiekaj szpinak i dodaj do mieszanki grzybowej. Dodaj jajko do mieszanki ze szpinakiem. Dodać ugotowaną komosę ryżową, doprawić włoską przyprawą, a następnie wymieszać, aż dobrze się połączy. Posyp ziarnami słonecznika i serem.

4. Podziel szpinakową masę na kotlety – gotuj kotlety w ciągu 5

minut lub do momentu, aż stanie się twardy i złocisty. Podawać z bułką hamburgerową.

<u>Informacje żywieniowe:</u>Kalorie 43 Węglowodany: 9 g Tłuszcz: 0 g Białko: 3 g

Sałatka Z Brokułów I Kalafiora

Porcje: 6

Czas gotowania: 20 minut

Składniki:

¼ łyżeczki czarnego pieprzu, mielonego

3 szklanki różyczek kalafiora

1 łyżka stołowa. Ocet

1 łyżeczka miodu

8 szklanek posiekanej kapusty

3 szklanki różyczek brokuła

4 łyżki oliwy z oliwek extra virgin

½ łyżeczki soli

1 ½ łyżeczki musztarda Dijon

1 łyżeczka miodu

½ szklanki suszonych wiśni

1/3 szklanki orzechów włoskich, posiekanych

1 szklanka startego sera manchego

Adresy:

1. Rozgrzej piekarnik do 450°F i umieść blachę do pieczenia na środkowej półce.

2. Następnie umieść różyczki kalafiora i brokuła w dużej misce.

3. Do tego wlej połowę soli, dwie łyżki oleju i pieprzu. Dobrze wymieszaj.

4. Teraz przenieś mieszankę na rozgrzaną patelnię i piecz przez 12 minut, przewracając raz na środku.

5. Gdy będą miękkie i złociste, wyjmij je z piekarnika i pozostaw do całkowitego ostygnięcia.

6. W międzyczasie wymieszaj pozostałe dwie łyżki oleju, ocet, miód, musztardę i sól w innej misce.

7. Posmaruj tą mieszanką liście jarmużu, przesuwając liście rękoma. Odstawić na 3-5 minut.

8. Na koniec dodaj pieczone warzywa, ser, wiśnie i pekan do sałatki z brokułów i kalafiora.

<u>Informacje żywieniowe:</u>Kalorie: 259 kcal Białko: 8,4 g Węglowodany: 23,2 g Tłuszcz: 16,3 g

Chińska sałatka z kurczakiem

Porcje: 3

Czas gotowania: 25 minut

Składniki:

1 średnia zielona cebula (pokrojona w cienkie plasterki)

2 piersi z kurczaka bez kości

2 łyżki sosu sojowego

¼ łyżeczki białego pieprzu

1 łyżka oleju sezamowego

4 szklanki sałaty rzymskiej (posiekana)

1 szklanka kapusty (poszatkowanej)

¼ szklanki marchewki, pokrojonej w drobną kostkę

¼ szklanki cienko pokrojonych migdałów

¼ szklanki makaronu (tylko do serwowania)

Przygotowanie dressingu chińskiego:

1 posiekany ząbek czosnku

1 łyżeczka sosu sojowego

1 łyżka oleju sezamowego

2 łyżki octu ryżowego

1 łyżka cukru

Adresy:

1. Przygotuj sos chiński, mieszając wszystkie składniki w misce.

2. W misce marynuj piersi z kurczaka z czosnkiem, oliwą z oliwek, sosem sojowym i białym pieprzem przez 20 minut.

3. Umieść naczynie do pieczenia w nagrzanym piekarniku (w temperaturze 225 ° C).

4. Umieść piersi z kurczaka w naczyniu do pieczenia i piecz przez około 20 minuty.

5. Aby przygotować sałatkę, połącz sałatę rzymską, kapustę, marchewkę i zieloną cebulę.

6. Aby podać, połóż kawałek kurczaka na talerzu i sałatkę na wierzchu. Wlej trochę dressingu razem z makaronem.

Informacje żywieniowe:Kalorie 130 Węglowodany: 10 g Tłuszcz: 6 g Białko: 10 g

Papryka faszerowana komosą ryżową i amarantusem Porcje: 4

Czas gotowania: 1 godzina i 10 minut

Składniki:

2 łyżki amarantusa

1 średnia cukinia, przycięta i starta

2 dojrzałe pomidory winorośli, pokrojone w kostkę

2/3 szklanki (około 135 g) komosy ryżowej

1 średnia cebula drobno posiekana

2 zmiażdżone ząbki czosnku

1 łyżeczka mielonego kminku

2 łyżki lekko prażonych ziaren słonecznika 75 g świeżego sera ricotta

2 łyżki porzeczek

4 duże papryki, przekrojone wzdłuż na pół i pozbawione nasion 2 łyżki posiekanej natki pietruszkiAdresy:

1. Wyłóż blachę do pieczenia, najlepiej dużą, papierem pergaminowym (nieprzywierającym), a następnie rozgrzej wcześniej piekarnik do 350 F.

Napełnij średni rondel około pół litra wody, a następnie dodaj amarantus i komosę ryżową; doprowadzić do wrzenia na umiarkowanym ogniu. Gdy to zrobisz, zmniejsz ciepło do niskiego poziomu; przykryj i gotuj na wolnym ogniu, aż fasola będzie al dente, a woda zostanie wchłonięta, od 12 do 15

minuty. Zdjąć z ognia i zachować.

2. W międzyczasie lekko posmaruj dużą patelnię olejem i rozgrzej na średnim ogniu. Po podgrzaniu dodaj cebulę z cukinią i smaż przez kilka minut, aż zmięknie, często mieszając. Dodaj kminek i czosnek; gotować przez minutę. Zdjąć z ognia i ostudzić.

3. Fasolę, mieszankę cebuli, pestki słonecznika, porzeczki, pietruszkę, ricottę i pomidory umieść w misce, najlepiej dużej; dobrze wymieszaj składniki, aż dobrze się połączą; doprawiamy pieprzem i solą do smaku.

4. Napełnij papryki przygotowaną mieszanką quinoa i umieść na tacy, przykrywając tacę folią aluminiową. Pieczemy od 17 do 20

minuty. Usuń folię i piecz, aż nadzienie się zrumieni, a warzywa będą miękkie, jeszcze 15 do 20 minut.

Informacje żywieniowe:kcal 200 Tłuszcz: 8,5 g Błonnik: 8 g Białko: 15 g

Filet rybny w chrupiącej panierce z sera Porcje: 4

Czas gotowania: 10 minut

Składniki:

¼ szklanki pełnoziarnistej bułki tartej

¼ szklanki tartego parmezanu

¼ łyżeczki soli morskiej ¼ łyżeczki mielonego pieprzu

1 łyżka stołowa. 4 filety tilapia z oliwą z oliwek

Adresy:

1. Rozgrzej piekarnik do 375°F.

2. Do miski dodaj bułkę tartą, parmezan, sól, pieprz i oliwę z oliwek.

3. Dobrze wymieszaj, aż dobrze się połączy.

4. Posmarować filety mieszanką i ułożyć na lekko spryskanej blasze do pieczenia.

5. Umieść blachę w piekarniku.

6. Piec przez 10 minut, aż filety będą ugotowane i zrumienione.

Informacje żywieniowe:Kalorie: 255 Tłuszcz: 7 g Białko: 15,9 g Węglowodany: 34 g Błonnik: 2,6 g

Białkowe fasole i zielone nadziewane muszle

Składniki:

Oryginalna lub morska sól

Oliwa z oliwek

12 uncji. paczka przegrzebków wielkości gatunku (około 40) 1 funt zestalonego szpinaku

2 do 3 ząbków czosnku, obranych i podzielonych

15 do 16 uncji ser ricotta cheddar (najlepiej pełne/pełne mleko) 2 jajka

1 puszka białej fasoli (np. cannellini), odsączonej i zaczerwienionej

½ szklanki zielonego pesto, wykonanego na zamówienie lub zakupionego lokalnie Ciemny pieprz mielony

3 szklanki (lub więcej) sosu marinara

Rozdrobniony Parmezan lub Pecorino Cheddar (opcjonalnie)<u>Adresy:</u>

1. Podgrzej co najmniej 5 litrów wody do wrzenia w dużym garnku (lub pracuj w dwóch mniejszych grupach). Dodaj łyżkę soli, odrobinę oliwy z oliwek i skórki. Bąbelkować przez około 9 minut (lub do uzyskania bardzo twardej konsystencji), mieszając sporadycznie, aby odizolować muszle. Delikatnie wyciśnij muszle do durszlaka lub wyjmij je z wody otwartą łyżką.

Umyć szybko zimną wodą. Wyłóż arkusz grzewczy z obrzeżami plastikową folią. Zanim muszle ostygną na tyle, aby można je było potraktować, rozbij je ręcznie, wylewając nadmiar wody i umieszczając otwór w pojedynczej warstwie pojemnika na liście. Rozłóż plastikową folię stopniowo, gdy będzie praktycznie zimna.

2. Wlej kilka litrów wody (lub użyj pozostałej wody z makaronu, jeśli jej nie wylałeś) do bańki w podobnym garnku. Dodaj zamrożony szpinak i gotuj przez trzy minuty na dużym ogniu, aż zmięknie. Wyłóż durszlak nasączonymi ręcznikami papierowymi, jeśli otwory są duże, a następnie przełóż szpinak. Ustaw sitko nad miską, aby przecedzić więcej, gdy rozpocznie się napełnianie.

3. Włóż sam czosnek do robota kuchennego i miksuj, aż zostanie drobno posiekany i przylgnie do boków. Zeskrobać boki miski, w tym momencie dodać ricottę, jajka, fasolę, pesto, 1½

łyżeczki soli i kilka łyżek pieprzu (duże ściśnięcie). Naciśnij szpinak w dłoni, aby dokładnie wykorzystać pozostałą wodę, a następnie dodaj ją do różnych mocowań w procesorze składników odżywczych. Ugniataj, aż będzie w większości gładka, z kilkoma małymi kawałkami szpinaku wciąż zauważalnymi. Jestem skłonny nie próbować po włączeniu surowego jajka, ale jeśli uważasz, że twój podstawowy smak jest nieco odbiegający i dostosuj smak do smaku.

4. Rozgrzej brojler do 350 (F) i weź prysznic lub lekko naoliwij 9 x 13"

patelni i jeszcze jedno mniejsze danie na gulasz (około 8-10 muszli nie zmieści się w 9 x 13). Aby wypełnić muszle, weź kolejno każdą muszlę, trzymając ją otwartą kciukiem i palcem wskazującym swojej niedominującej ręki. Drugą ręką nabierz 3 do 4 łyżek masy i zeskrob skorupę. Większość z nich nie będzie wyglądać zbyt dobrze, co jest w porządku! Napełnione muszle ułożyć blisko siebie w przygotowanym pojemniku. Wlej sos na muszle, pozostawiając kawałki zielonego nadzienia nie do pomylenia. Nasmaruj miskę kałem i gotuj przez 30 minut. Zwiększ temperaturę do 375 (F), posyp muszle odrobiną mielonego parmezanu (jeśli używasz) i ujawnij ciepło przez kolejne 5

do 10 minut, aż ser cheddar się rozpuści i zmniejszy się ilość wilgoci.

5. Pozostaw do ostygnięcia na 5-10 minut. W tym czasie podawaj bez dodatków lub ze świeżą mieszanką zielonych warzyw.

Składniki na azjatycką sałatkę z makaronem:

8 uncji lekkiego makaronu pełnoziarnistego, np. spaghetti (użyj makaronu soba, aby zrobić bezglutenowy) 24 uncje Mann's Broccoli Coleslaw – 2 torebki po 12 uncji 4 uncje rozdrobnionej marchwi

1/4 szklanki oliwy z oliwek extra virgin

1/4 szklanki octu ryżowego

3 łyżki nektaru – użyj lekkiego nektaru z agawy, aby zrobić miłośnika warzyw

3 łyżki gładkiego kremu orzechowego

2 łyżki sosu sojowego o niskiej zawartości sodu – w razie potrzeby bezglutenowego 1 łyżka sosu pieprzowego Sriracha – lub sosu czosnkowo-chiliowego, dodatkowo do smaku

1 łyżka mielonego świeżego imbiru

2 łyżeczki mielonego czosnku – około 4 ząbków 3/4 szklanki prażonych niesolonych orzeszków ziemnych – zwykle posiekanych 3/4 szklanki świeżej kolendry – drobno posiekanej

Adresy:

1. Podgrzej duży garnek osolonej wody, aż się zagotuje. Gotuj makaron, aż będzie nieco twardy, zgodnie z nazwami opakowań. Odcedź i szybko opłucz pod zimną wodą, aby odsączyć nadmiar skrobi i przerwij gotowanie, po

czym przenieś do dużej miski. Do tego surówka z kapusty z brokułami i marchewką.

2. Podczas gotowania makaronu wymieszaj razem oliwę z oliwek, ocet ryżowy, nektar, krem orzechowy, sos sojowy, Sriarcha, imbir i czosnek. Wlać mieszaninę makaronu i wymieszać, aby się skonsolidowała. Dodaj orzeszki ziemne i kolendrę i ponownie wymieszaj. Podawać na zimno lub w temperaturze pokojowej z dodatkowym sosem Sriracha według uznania.

3. Uwagi dotyczące formuły

4. Azjatycka sałatka z makaronem może być podawana na zimno lub w temperaturze pokojowej.

Przechowuj resztki w lodówce w wodoodpornym/hermetycznym pojemniku do 3 dni.

Porcje łososia i zielonej fasoli

Porcje: 4

Czas gotowania: 26 minut

Składniki:

2 łyżki oliwy z oliwek

1 posiekana żółta cebula

4 filety z łososia, bez kości

1 szklanka zielonej fasoli, przyciętej i przekrojonej na pół

2 posiekane ząbki czosnku

½ szklanki bulionu z kurczaka

1 łyżeczka chili w proszku

1 łyżeczka słodkiej papryki

Szczypta soli i czarnego pieprzu.

1 łyżka posiekanej kolendry

Adresy:

1. Rozgrzać patelnię z olejem na średnim ogniu, dodać cebulę, wymieszać i smażyć 2 minuty.

2. Dodaj rybę i smaż przez 2 minuty z każdej strony.

3. Dodaj pozostałe składniki, delikatnie wymieszaj i piecz wszystko w temperaturze 360 stopni F przez 20 minut.

4. Rozłóż wszystko na talerze i podawaj na obiad.

<u>Informacje żywieniowe:</u>Kalorie 322, Tłuszcz 18,3, Błonnik 2, Węglowodany 5,8, Białko 35,7

Składniki na kurczaka faszerowanego serem:

2 szczypiorek (rzadko pokrojony)

2 papryczki jalapeño z pestkami (rzadko pokrojone)

1/4 szklanki kolendry

1 łyżeczka limonki oomph

4 uncje Cheddar Monterey Jack (grubo mielony) 4 piersi z kurczaka bez kości i skóry

3 łyżki oliwy z oliwek

Sól

Pieprz

3 łyżki soku z limonki

2 czerwone papryki (drobno pokrojone)

1/2 małej czerwonej cebuli (rzadko posiekanej)

5 w. porwana sałata rzymska

Adresy:

1. Podgrzej brojler do 450 ° F. W misce skonsoliduj scallions i jalapeños z nasionami, 1/4 szklanki kolendry (posiekanej) i gotową limonkę, po czym wymieszaj z serem Monterey Jack cheddar.

2. Umieść ostrze w najgrubszym kawałku każdej piersi z kurczaka bez kości i skóry i poruszaj się tam iz powrotem, aby zrobić wgłębienie o szerokości 2 1/2 cala, tak szerokie, jak to tylko możliwe bez eksperymentowania. . Napełnij kurczaka mieszanką sera cheddar.

3. Podgrzej 2 łyżki oliwy z oliwek na dużej patelni na średnim ogniu.

Dopraw kurczaka solą i pieprzem i smaż, aż z jednej strony będzie ciemniejszy, 3 do 4 minut. Odwróć kurczaka i grilluj, aż się ugotuje, od 10 do 12 minut.

4. W międzyczasie w dużej misce wymieszaj sok z cytryny, 1

łyżka oliwy z oliwek i 1/2 łyżeczki soli. Dodaj paprykę i fioletową cebulę i odstaw na 10 minut, sporadycznie mieszając. Dodaj sałatę rzymską i 1 szklankę świeżej kolendry. Podawaj z kurczakiem i ćwiartkami limonki.

Rukola z dressingiem z gorgonzoli

Porcje: 4

Czas gotowania: 0 minut

Składniki:

1 pęczek rukoli, oczyszczony

1 gruszka, pokrojona w cienkie plasterki

1 łyżka świeżego soku z cytryny

1 rozgnieciony ząbek czosnku

1/3 szklanki sera gorgonzola, pokruszonego

1/4 szklanki bulionu warzywnego o obniżonej zawartości sodu

świeżo zmielony pieprz

4 łyżeczki oliwy z oliwek

1 łyżka octu jabłkowego

Adresy:

1. Umieść plasterki gruszki i sok z cytryny w misce. Wrzucić do płaszcza.

Ułóż plastry gruszki razem z rukolą na półmisku.

2. W misce połącz ocet, olej, ser, bulion, pieprz i czosnek. Pozostawić do działania na 5 minut, wyjąć czosnek. Nałóż dressing, a następnie podawaj.

Informacje żywieniowe:Kalorie 145 Węglowodany: 23 g Tłuszcz: 4 g Białko: 6 g

porcje zupy z kapusty

Porcje: 6

Czas gotowania: 35 minut

Składniki:

1 posiekana żółta cebula

1 zielona kapusta, posiekana

2 łyżki oliwy z oliwek

5 szklanek bulionu warzywnego

1 marchewka, obrana i starta

Szczypta soli i czarnego pieprzu.

1 łyżka posiekanej kolendry

2 łyżeczki posiekanego tymianku

½ łyżeczki wędzonej papryki

½ łyżeczki ostrej papryki

1 łyżka soku z cytryny

Porcje ryżu kalafiorowego

Porcje: 4

Czas gotowania: 10 minut

Składniki:

¼ szklanki oleju jadalnego

1 łyżka stołowa. Olej kokosowy

1 łyżka stołowa. cukier kokosowy

4 szklanki kalafiora, rozdrobnionego na ½ łyżeczki różyczki. Sól

Adresy:

1. Najpierw zmiksuj kalafior w robocie kuchennym i przetwarzaj przez 1 do 2 minut.

2. Rozgrzej olej na dużej patelni na średnim ogniu, a następnie dodaj kalafior z ryżem, cukrem kokosowym i solą.

3. Dobrze wymieszaj i gotuj przez 4 do 5 minut, aż kalafior będzie lekko miękki.

4. Na koniec wlej mleko kokosowe i ciesz się.

Informacje żywieniowe:Kalorie 108 Kcal Białka: 27,1 g Węglowodany: 11 g

Tłuszcze: 6 g

Porcje szpinaku i feta frittata

Porcje: 4

Czas gotowania: 10 minut

Składniki:

½ małej czerwonej cebuli

250g szpinaku baby

½ szklanki sera feta

1 łyżka pasty czosnkowej

4 ubite jajka

mieszanka przypraw

Sól i pieprz do smaku

1 łyżka oliwy z oliwek

Adresy:

1. Dodaj jedną drobno posiekaną cebulę na oleju i smaż na średnim ogniu.

2. Dodaj szpinak do jasnobrązowej cebuli i mieszaj 2 min.

3. Do jajek dodać schłodzoną mieszankę szpinaku i cebuli.

4. Teraz dodaj pastę czosnkową, sól i pieprz i wymieszaj.

5. Gotuj tę mieszaninę na małym ogniu i delikatnie wbij jajka.

6. Dodaj fetę do jajek i umieść patelnię pod już rozgrzanym grillem.

7. Smaż przez około 2 do 3 minut, aż frittata nabierze złotego koloru.

8. Podawaj tę feta frittata na ciepło lub na zimno.

Informacje żywieniowe:Kalorie 210 Węglowodany: 5 g Tłuszcz: 14 g Białko: 21 g

Naklejki z pieczonego kurczaka Składniki:

1 funt mielonego kurczaka

1/2 szklanki posiekanej kapusty

1 marchewka, obrana i zniszczona

2 ząbki czosnku, wyciśnięte

2 zielone cebule, cienko pokrojone

1 łyżka sosu sojowego o obniżonej zawartości sodu

1 łyżka sosu hoisin

1 łyżka naturalnie mielonego imbiru

2 łyżeczki oleju sezamowego

1/4 łyżeczki mielonego białego pieprzu

36 wygranych opakowań

2 łyżki oleju roślinnego

NA GORĄCY SOS OLEJOWY CHILI:

1/2 szklanki oleju roślinnego

1/4 szklanki suszonych czerwonych papryczek chilli, zmiażdżonych

2 posiekane ząbki czosnku

Adresy:

1. Rozgrzej olej roślinny na małej patelni na średnim ogniu. Wrzuć zmiażdżoną paprykę i czosnek, mieszając od czasu do czasu, aż olej osiągnie 180 stopni F, około 8-10 minut; umieścić w bezpiecznym miejscu.

2. W dużej misce wymieszaj kurczaka, kapustę, marchewkę, czosnek, dymkę, sos sojowy, sos hoisin, imbir, olej sezamowy i biały pieprz.

3. Aby zebrać klopsiki, umieść opakowanie na powierzchni roboczej.

Nałóż 1 łyżkę stołową mieszanki z kurczaka na centralny punkt każdego opakowania. Za pomocą palca natrzyj wodą brzegi owijek. Złóż mieszaninę na nadzieniu, aby utworzyć półksiężyc, ściskając krawędzie, aby się zapieczętowały.

4. Rozgrzej olej roślinny na dużej patelni na średnim ogniu.

Umieść naklejki na garnki w jednej warstwie i gotuj, aż będą błyszczące i chłodne, około 2-3 minuty z każdej strony.

5. Podawaj szybko z gorącym sosem z oleju gulaszowego.

Krewetki czosnkowe z grysem kalafiorowym

Porcje: 2

Czas gotowania: 15 minut

Składniki:

Aby przygotować krewetki

1 funt krewetek

2-3 łyżki przyprawy cajun

Sól

1 łyżka masła/ghee

Do przygotowania kaszy kalafiorowej

2 łyżki klarowanego masła

12 uncji kalafiora

1 ząbek czosnku

Sól dla smaku

Adresy:

1. Ugotuj kalafior i czosnek w 8 uncjach wody na średnim ogniu do miękkości.

2. Zmiksuj młody kalafior w robocie kuchennym z ghee. Stopniowo dodawaj gotującą się wodę, aby uzyskać odpowiednią konsystencję.

3. Posyp krewetki 2 łyżkami przyprawy Cajun i pozostaw do zamarynowania.

4. Na dużej patelni weź 3 łyżki ghee i gotuj krewetki na średnim ogniu.

5. Umieść dużą łyżkę kaszy kalafiorowej w misce i udekoruj smażonymi krewetkami.

<u>Informacje żywieniowe:</u>Kalorie 107 Węglowodany: 1 g Tłuszcz: 3 g Białko: 20 g

Tuńczyk z brokułami

Porcje: 1

Czas gotowania: 10 minut

Składniki:

1 łyżeczka oliwy z oliwek extra vergine

3 uncje Tuńczyk w wodzie, najlepiej lekki i gruby, odsączony 1 łyżka. Grubo posiekane orzechy włoskie

2 szklanki brokułów, drobno posiekanych

½ łyżeczki ostrego sosu

Adresy:

1. Zacznij od wymieszania brokułów, przypraw i tuńczyka w dużej misce, aż dobrze się połączą.

2. Następnie wstaw warzywa do kuchenki mikrofalowej na 3 minuty lub do miękkości.

3. Następnie dodaj do miski orzechy i oliwę z oliwek i dobrze wymieszaj.

4. Podawaj i ciesz się.

Informacje żywieniowe:Kalorie 259 Kcal Białka: 27,1 g Węglowodany: 12,9 g
Tłuszcze: 12,4 g

Zupa z krewetek z dyni piżmowej Porcje: 4

Czas gotowania: 20 minut

Składniki:

3 łyżki niesolonego masła

1 mała czerwona cebula, drobno posiekana

1 pokrojony ząbek czosnku

1 łyżeczka kurkumy

1 łyżeczka soli

¼ łyżeczki świeżo zmielonego czarnego pieprzu

3 szklanki bulionu warzywnego

2 szklanki obranej dyni piżmowej pokrojonej w ¼-calową kostkę 1 funt ugotowanych obranych krewetek, rozmrożonych w razie potrzeby 1 szklanka niesłodzonego mleka migdałowego

¼ szklanki posiekanych migdałów (opcjonalnie)

2 łyżki drobno posiekanej świeżej pietruszki 2 łyżeczki startej lub posiekanej skórki z cytryny

Adresy:

1. Rozpuścić masło na dużym ogniu w dużym garnku.

2. Dodaj cebulę, czosnek, kurkumę, sól i pieprz i smaż, aż warzywa będą miękkie i przezroczyste, od 5 do 7 minut.

3. Dodaj bulion i dynię i zagotuj.

4. Gotuj na małym ogniu przez 5 minut.

5. Dodaj krewetki i mleko migdałowe i gotuj, aż się rozgrzeje, około 2 minut.

6. Posyp migdałami (jeśli używasz), natką pietruszki i skórką z cytryny i podawaj.

<u>Informacje żywieniowe:</u>Kalorie 275 Tłuszcz ogółem: 12 g Węglowodany ogółem: 12 g Cukier: 3 g Błonnik: 2 g Białko: 30 g Sód: 1665 mg

Pikantne pieczone kulki z indyka Porcje: 6

Czas gotowania: 30 minut

Składniki:

1 funt mielonego indyka

½ szklanki świeżej białej lub pełnoziarnistej bułki tartej ½ szklanki świeżo startego parmezanu

½ łyżki bazylii, świeżo posiekanej

½ łyżki oregano, świeżo posiekanego

1 sztuka duże jajko, ubite

1 łyżka stołowa. natka pietruszki, świeżo posiekana

3 łyżki mleka lub wody

Szczypta soli i pieprzu

Szczypta świeżo startej gałki muszkatołowej

Adresy:

1. Rozgrzej piekarnik do 350°F.

2. Dwie formy do pieczenia wyłóż papierem do pieczenia.

3. Dodaj wszystkie składniki do dużej miski.

4. Z masy uformuj 1-calowe kulki i umieść każdą kulkę w naczyniu do pieczenia.

5. Włóż patelnię do piekarnika.

6. Piecz przez 30 minut lub do momentu, aż indyk się upiecze, a powierzchnie zbrązowieją.

7. Obróć klopsiki raz w połowie gotowania.

<u>Informacje żywieniowe:</u>Kalorie: 517 kcal Tłuszcz: 17,2 g Białko: 38,7 g Węglowodany: 52,7 g Błonnik: 1 g

Porcje jasnej zupy z małży

Porcje: 4

Czas gotowania: 15 minut

Składniki:

2 łyżki niesolonego masła

2 średnie marchewki, pokrojone na ½-calowe kawałki

2 łodygi selera, pokrojone w cienkie plasterki

1 mała czerwona cebula, pokrojona w ¼-calowe kostki

2 ząbki czosnku, pokrojone

2 szklanki bulionu warzywnego

1 (8 uncji) butelka soku z małży

1 (10 uncji) puszka małży

½ łyżeczki suszonego tymianku

½ łyżeczki soli

¼ łyżeczki świeżo zmielonego czarnego pieprzu

Adresy:

1. Rozpuścić masło w dużym garnku na dużym ogniu.

2. Dodaj marchewkę, seler, cebulę i czosnek i smaż przez 2 do 3 minut, aż lekko zmiękną.

3. Dodaj bulion i sok z małży i zagotuj.

4. Doprowadź do wrzenia i gotuj, aż marchewka będzie miękka, od 3 do 5 minut.

5. Dodaj małże i ich soki, tymianek, sól i pieprz, podgrzewaj 2-3 minuty i podawaj.

<u>Informacje żywieniowe</u>:Kalorie 156 Tłuszcz ogółem: 7 g Węglowodany ogółem: 7 g Cukier: 3 g Błonnik: 1 g Białko: 14 g Sód: 981 mg

Porcje ryżu i kurczaka w garnku

Porcje: 4

Czas gotowania: 25 minut

Składniki:

1 funt piersi z kurczaka z wolnego wybiegu, bez kości i bez skóry ¼ szklanki brązowego ryżu

¾ funta ulubione pieczarki pokrojone w plastry

1 pokrojony por

¼ szklanki posiekanych migdałów

1 szklanka wody

1 łyżka stołowa. Oliwa z oliwek

1 szklanka zielonej fasoli

½ szklanki octu jabłkowego

2 łyżki stołowe. mąka uniwersalna

1 szklanka niskotłuszczowego mleka

¼ szklanki parmezanu, świeżo startego

¼ szklanki kwaśnej śmietany

Szczypta soli morskiej, w razie potrzeby dodaj więcej

mielony czarny pieprz do smaku

Adresy:

1. Wsyp brązowy ryż do garnka. Dodaj wodę. Przykryć i doprowadzić do wrzenia. Zmniejsz ogień, a następnie gotuj na wolnym ogniu przez 30 minut lub do momentu ugotowania ryżu.

2. W międzyczasie na patelni dodaj pierś z kurczaka i zalej taką ilością wody, aby ją przykryła, dopraw solą. Doprowadź mieszaninę do wrzenia, a następnie zmniejsz ogień i gotuj na wolnym ogniu przez 10 minut.

3. Rozdrobnij kurczaka. Odłożyć na bok.

4. Podgrzej oliwę z oliwek. Ugotować pory do miękkości. Dodaj grzyby.

5. Wlej ocet jabłkowy do mieszanki. Podsmaż mieszaninę, aż ocet odparuje. Dodaj mąkę i mleko na patelnię.

Posyp parmezanem i dodaj śmietanę. Dopraw czarnym pieprzem.

6. Rozgrzej piekarnik do 350 stopni F. Lekko nasmaruj rondel olejem.

7. Rozłóż ugotowany ryż na zapiekance, a następnie posiekanego kurczaka i zieloną fasolkę na wierzchu. Dodaj sos grzybowy i pory.

Połóż migdały na wierzchu.

8. Piecz w ciągu 20 minut lub do uzyskania złotego koloru. Pozwól ostygnąć przed podaniem.

<u>Informacje żywieniowe:</u>Kalorie 401 Węglowodany: 54 g Tłuszcz: 12 g Białko: 20 g

Smażone krewetki Jambalaya Jumble Porcje: 4

Czas gotowania: 30 minut

Składniki:

10 uncji średnie krewetki, obrane

¼ szklanki posiekanego selera ½ szklanki posiekanej cebuli

1 łyżka stołowa. olej lub masło ¼ łyżeczki mielonego czosnku

¼ łyżeczki soli cebulowej lub morskiej

⅓ szklanki sosu pomidorowego ½ łyżeczki wędzonej papryki

½ łyżeczki sosu Worcestershire

⅔ szklanki posiekanej marchewki

1¼ szklanki kiełbasy z kurczaka, ugotowanej i pokrojonej w kostkę 2 szklanki soczewicy, namoczonej przez noc i wstępnie ugotowanej 2 szklanki okry, posiekanej

Szczypta mielonego czerwonego pieprzu i czarnego pieprzu Parmezan, tarty do posypania (opcjonalnie)Adresy:

1. Smaż krewetki, seler i cebulę na oleju na patelni ustawionej na średnim ogniu przez pięć minut lub do momentu, aż krewetki staną się różowe.

2. Dodaj pozostałe składniki i smaż przez 10

minut lub do miękkości warzyw.

3. Aby podać, podziel mieszankę jambalaya równomiernie na cztery miski.

4. W razie potrzeby posyp pieprzem i serem.

Informacje żywieniowe:Kalorie: 529 Tłuszcz: 17,6 g Białko: 26,4 g
Węglowodany: 98,4 g Błonnik: 32,3 g

Chili Porcje Kurczaka

Porcje: 6

Czas gotowania: 1 godzina

Składniki:

1 posiekana żółta cebula

2 łyżki oliwy z oliwek

2 posiekane ząbki czosnku

1 funt piersi z kurczaka, bez skóry, bez kości i pokrojony w kostkę 1 zielona papryka, posiekana

2 szklanki bulionu z kurczaka

1 łyżka kakao w proszku

2 łyżki chili w proszku

1 łyżeczka wędzonej papryki

1 szklanka pomidorów z puszki, posiekanych

1 łyżka posiekanej kolendry

Szczypta soli i czarnego pieprzu.

Adresy:

1. Rozgrzej garnek z olejem na średnim ogniu, dodaj cebulę i czosnek i smaż przez 5 minut.

2. Dodać mięso i smażyć jeszcze przez 5 minut.

3. Dodać pozostałe składniki, wymieszać, gotować na średnim ogniu przez 40 minut.

4. Rozłóż chili do miseczek i podawaj na obiad.

<u>Informacje żywieniowe:</u>Kalorie 300, Tłuszcz 2, Błonnik 10, Węglowodany 15, Białko 11

Porcje zupy z czosnku i soczewicy

Porcje: 4

Czas gotowania: 15 minut

Składniki:

2 łyżki oliwy z oliwek extra vergine

2 średnie marchewki, cienko pokrojone

1 mała biała cebula, pokrojona w ¼-calowe kostki

2 ząbki czosnku, cienko pokrojone

1 łyżeczka mielonego cynamonu

1 łyżeczka soli

¼ łyżeczki świeżo zmielonego czarnego pieprzu

3 szklanki bulionu warzywnego

1 (15 uncji) puszka soczewicy, odsączonej i wypłukanej 1 łyżka stołowa posiekanej lub startej skórki pomarańczowej

¼ szklanki posiekanych orzechów włoskich (opcjonalnie)

2 łyżki drobno posiekanej świeżej pietruszki o płaskich liściachAdresy:

1. Rozgrzej olej na dużym ogniu w dużym garnku.

2. Włóż marchewkę, cebulę i czosnek i smaż, aż zmiękną, 5 do 7 minuty.

3. Dodaj cynamon, sól i pieprz i wymieszaj, aby równomiernie pokryć warzywa, od 1 do 2 minut.

4. Włóż bulion i zagotuj. Doprowadzić do wrzenia, następnie dodać soczewicę i gotować przez maksymalnie 1 minutę.

5. Dodaj skórkę pomarańczową i podawaj posypane orzechami włoskimi (jeśli używasz) i natką pietruszki.

Informacje żywieniowe:Kalorie 201 Tłuszcz ogółem: 8 g Węglowodany ogółem: 22 g Cukier: 4 g Błonnik: 8 g Białko: 11 g Sód: 1178 mg

Ostra Cukinia I Kurczak W Klasycznym Santa Fe Stir-Fry

Porcje: 2

Czas gotowania: 15 minut

Składniki:

1 łyżka stołowa. Oliwa z oliwek

2 kawałki piersi z kurczaka, pokrojone w plastry

1 sztuka cebuli, mała, pokrojona w kostkę

2 ząbki czosnku, posiekane 1 cukinia pokrojona w kostkę ½ szklanki startej marchwi

1 łyżeczka wędzonej papryki 1 łyżeczka mielonego kminku

½ łyżeczki chili w proszku ¼ łyżeczki soli morskiej

2 łyżki stołowe. świeży sok z cytryny

¼ szklanki świeżo posiekanej kolendry

Brązowy ryż lub komosa ryżowa podczas serwowania

Adresy:

1. Podsmaż kurczaka na oliwie z oliwek przez około 3 minuty, aż się zrumieni. Odłożyć na bok.

2. Użyj tego samego woka i dodaj cebulę i czosnek.

3. Gotuj, aż cebula zmięknie.

4. Dodaj marchewkę i cukinię.

5. Mieszaj mieszaninę i gotuj dalej przez około minutę.

6. Dodaj wszystkie przyprawy do mieszanki i mieszaj, aby gotować przez kolejną minutę.

7. Włóż kurczaka z powrotem do woka i wlej sok z cytryny.

8. Mieszaj, aby gotować, aż wszystko się ugotuje.

9. Przed podaniem nałóż miksturę na ugotowany ryż lub komosę ryżową i posyp świeżo posiekaną kolendrą.

<u>Informacje żywieniowe:</u>Kalorie: 191 Tłuszcz: 5,3 g Białko: 11,9 g Węglowodany: 26,3 g Błonnik: 2,5 g

Tilapia tacos z imponującą sałatką z imbiru i sezamu

Porcje: 4

Czas gotowania: 5 godzin.

Składniki:

1 łyżeczka startego świeżego imbiru

Sól i świeżo zmielony czarny pieprz do smaku 1 łyżeczka stewii

1 łyżka sosu sojowego

1 łyżka oliwy z oliwek

1 łyżka soku z cytryny

1 łyżka jogurtu naturalnego

1,5 funta filetów z tilapii

1 szklanka mieszanki sałatek coleslaw

Adresy:

1. Włącz Instant Pot, dodaj wszystkie składniki z wyjątkiem filetów z tilapii i sałatki colesław i mieszaj, aż dobrze się połączą.

2. Następnie dodaj filety, mieszaj, aż dobrze się pokryją, zamknij pokrywką, dociśnij

przycisk „wolne gotowanie" i gotować przez 5 godzin, przewracając filety w połowie.

3. Po zakończeniu przenieś filety na talerz i pozostaw do całkowitego ostygnięcia.

4. Aby przygotować posiłek, podziel sałatkę coleslaw na cztery hermetyczne pojemniki, dodaj tilapię i przechowuj w lodówce do trzech dni.

5. Kiedy będziesz gotowy do jedzenia, podgrzej tilapię w kuchence mikrofalowej, aż będzie gorąca, a następnie podawaj z sałatką coleslaw.

Informacje żywieniowe:Kalorie 278, tłuszcz ogółem 7,4 g, węglowodany ogółem 18,6 g, białko 35,9 g, cukier 1,2 g, błonnik 8,2 g, sód 194 mg

Gulasz z soczewicy curry

Porcje: 4

Czas gotowania: 15 minut

Składniki:

1 łyżka oliwy z oliwek

1 posiekana cebula

2 posiekane ząbki czosnku

1 łyżka ekologicznej przyprawy curry

4 szklanki organicznego bulionu warzywnego o niskiej zawartości sodu 1 szklanka czerwonej soczewicy

2 szklanki dyni, ugotowanej

1 szklanka jarmużu

1 łyżeczka kurkumy

sól morska do smaku

Adresy:

1. Podsmaż oliwę z cebulą i czosnkiem w dużym garnku na średnim ogniu, dodaj. Smaż przez 3 minuty.

2. Dodaj ekologiczną przyprawę curry, bulion warzywny i soczewicę i zagotuj. Gotuj przez 10 minut.

3. Dodaj ugotowaną dynię i jarmuż.

4. Dodaj kurkumę i sól morską do smaku.

5. Podawaj gorące.

Informacje żywieniowe:Węglowodany ogółem 41 g Błonnik pokarmowy: 13 g Białko: 16 g Tłuszcz ogółem: 4 g Kalorie: 252

Sałatka Caesar z Jarmużem Z Grillowanym Kurczakiem Wrap

Porcje: 2

Czas gotowania: 20 minut

Składniki:

6 filiżanek jarmużu pokrojonego na małe kawałki ½ gotowanego jajka; Gotowany

8 uncji grillowanego kurczaka, cienko pokrojonego

½ łyżeczki musztardy Dijon

¾ szklanki parmezanu, drobno startego

czarny pieprz

Sól koszerna

1 posiekany ząbek czosnku

1 szklanka pomidorków cherry, pokrojonych w ćwiartki

1/8 szklanki soku z cytryny, świeżo wyciśniętego

2 duże tortille lub dwa podpłomyki Lavash

1 łyżeczka agawy lub miodu

1/8 szklanki oliwy z oliwek

Adresy:

1. W dużej misce połącz połowę ugotowanego jajka z musztardą, mielonym czosnkiem, miodem, oliwą z oliwek i sokiem z cytryny. Ubijaj do uzyskania konsystencji zbliżonej do dressingu. Doprawiamy pieprzem i solą do smaku.

2. Dodaj pomidorki koktajlowe, kurczaka i jarmuż; delikatnie wymieszaj, aż dobrze pokryje się sosem, a następnie dodaj ¼ szklanki parmezanu.

3. Rozłóż podpłomyki i równomiernie rozłóż przygotowaną sałatkę na bułkach; posyp każdą około ¼ szklanki parmezanu.

4. Zwiń owijki i przekrój na pół. Podawaj natychmiast i ciesz się.

Informacje żywieniowe:kcal 511 Tłuszcz: 29 g Błonnik: 2,8 g Białko: 50 g

Sałatka z fasoli i szpinaku Porcje: 1

Czas gotowania: 5 minut

Składniki:

1 szklanka świeżego szpinaku

¼ szklanki czarnej fasoli z puszki

½ szklanki ciecierzycy z puszki

½ szklanki grzybów cremini

2 łyżki organicznego winegretu balsamicznego 1 łyżka oliwy z oliwek

Adresy:

1. Gotuj grzyby cremini z oliwą z oliwek na małym, średnim ogniu przez 5 minut, aż lekko się zrumienią.

2. Złóż sałatkę, dodając świeży szpinak do talerza i polewając fasolą, grzybami i sosem balsamicznym.

Informacje żywieniowe:Węglowodany ogółem 26 g Błonnik pokarmowy: 8 g Białko: 9 g Tłuszcz ogółem: 15 g Kalorie: 274

Łosoś w panierce z orzechami włoskimi i rozmarynem Porcje: 6

Czas gotowania: 20 minut

Składniki:

1 posiekany ząbek czosnku

1 łyżka musztardy Dijon

¼ łyżki skórki z cytryny

1 łyżka soku z cytryny

1 łyżka świeżego rozmarynu

1/2 łyżki miodu

Oliwa z oliwek

Świeża pietruszka

3 łyżki posiekanych orzechów włoskich

1 funt łososia bez skóry

1 łyżka zmiażdżonej świeżej czerwonej papryki

Sól pieprz

Plasterki cytryny do dekoracji

3 łyżki bułki tartej Panko

1 łyżka oliwy z oliwek extra virgin

Adresy:

1. Rozłóż blachę do pieczenia w piekarniku i rozgrzej do 240ºC.

2. W misce wymieszaj pastę musztardową, czosnek, sól, oliwę z oliwek, miód, sok z cytryny, zmiażdżoną czerwoną paprykę, rozmaryn i miód.

3. Połącz panko, orzechy włoskie i olej i rozłóż cienki plasterek ryby na blasze do pieczenia. Skrop równomiernie oliwą z obu stron ryby.

4. Nałóż mieszankę orzechową na łososia z mieszanką musztardową na wierzchu.

5. Piecz łososia przez prawie 12 minut. Udekoruj świeżą pietruszką i kawałkami cytryny i podawaj na gorąco.

<u>Informacje żywieniowe:</u>Kalorie 227 Węglowodany: 0 g Tłuszcz: 12 g Białko: 29 g

Pieczone Bataty Z Czerwonym Sosem Tahini

Porcje: 4

Czas gotowania: 30 minut

Składniki:

15 uncji ciecierzycy z puszki

4 średnie słodkie ziemniaki

½ łyżki oliwy z oliwek

1 szczypta soli

1 łyżka soku z limonki

1/2 łyżki kminku, kolendry i papryki w proszku do sosu czosnkowo-ziołowego

¼ szklanki sosu tahini

½ łyżki soku z limonki

3 ząbki czosnku

Sól dla smaku

Adresy:

1. Rozgrzej piekarnik do 204°C. Ciecierzycę wymieszaj z solą, przyprawami i oliwą z oliwek. Rozłóż je na blasze aluminiowej.

2. Cienkie plastry słodkich ziemniaków posmarować olejem, ułożyć na marynowanej fasoli i upiec.

3. W przypadku sosu wymieszaj wszystkie dodatki w misce. Dodaj trochę wody, ale zachowaj gęstą konsystencję.

4. Po 25 minutach wyjmij słodkie ziemniaki z piekarnika.

5. Udekoruj sałatkę z pieczonych słodkich ziemniaków z ciecierzycy pikantnym sosem czosnkowym.

<u>Informacje żywieniowe:</u>Kalorie 90 Węglowodany: 20 g Tłuszcz: 0 g Białko: 2 g

Porcje włoskiej letniej zupy z dyni

Porcje: 4

Czas gotowania: 15 minut

Składniki:

3 łyżki oliwy z oliwek extra vergine

1 mała czerwona cebula, cienko pokrojona

1 posiekany ząbek czosnku

1 szklanka startej cukinii

1 szklanka startej żółtej dyni

½ szklanki startej marchewki

3 szklanki bulionu warzywnego

1 łyżeczka soli

2 łyżki drobno posiekanej świeżej bazylii

1 łyżka drobno posiekanego świeżego szczypiorku

2 łyżki orzeszków piniowych

Adresy:

1. Rozgrzej olej na dużym ogniu w dużym garnku.

2. Dodaj cebulę i czosnek i smaż, aż zmiękną, od 5 do 7 minut.

3. Dodaj cukinię, żółtą dynię i marchewkę i smaż, aż zmiękną, 1 do 2 minut.

4. Dodaj bulion i sól i zagotuj. Gotuj na małym ogniu przez 1 do 2 minut.

5. Dodaj bazylię i szczypiorek i podawaj posypane orzeszkami pinii.

<u>Informacje żywieniowe:</u>Kalorie 172 Tłuszcz ogółem: 15 g Węglowodany ogółem: 6 g Cukier: 3 g Błonnik: 2 g Białko: 5 g Sód: 1170 mg

Porcje zupy szafranowo-łososiowej

Porcje: 4

Czas gotowania: 20 minut

Składniki:

¼ szklanki oliwy z oliwek extra virgin

2 pory, tylko białe części, pokrojone w cienkie plasterki

2 średnie marchewki, cienko pokrojone

2 ząbki czosnku, cienko pokrojone

4 szklanki bulionu warzywnego

1 funt filetów z łososia bez skóry, pokrojonych na 1-calowe kawałki 1 łyżeczka soli

¼ łyżeczki świeżo zmielonego czarnego pieprzu

¼ łyżeczki nitek szafranu

2 szklanki szpinaku baby

½ szklanki wytrawnego białego wina

2 łyżki posiekanego szczypiorku, części białej i zielonej 2 łyżki drobno posiekanej świeżej pietruszkiAdresy:

1. Rozgrzej olej na dużym ogniu w dużym garnku.

2. Dodaj pory, marchewkę i czosnek i smaż, aż zmiękną, 5 do 7 minuty.

3. Wlej bulion i zagotuj.

4. Doprowadzić do wrzenia i dodać łososia, sól, pieprz i szafran. Gotuj, aż łosoś się ugotuje, około 8 minut.

5. Dodaj szpinak, wino, szczypiorek i pietruszkę i gotuj, aż szpinak zwiędnie, 1 do 2 minut, i podawaj.

Informacje żywieniowe:Kalorie 418 Tłuszcz ogółem: 26 g Węglowodany ogółem: 13 g Cukier: 4 g Błonnik: 2 g Białko: 29 g Sód: 1455 mg

Pikantno-Kwaśna Zupa Pieczarkowa z Krewetkami o Tajskim Smaku

Porcje: 6

Czas gotowania: 38 minut

Składniki:

3 łyżki niesolonego masła

1 funt krewetek, obranych i pozbawionych żyłek

2 łyżeczki mielonego czosnku

1-calowy kawałek korzenia imbiru, obrany

1 średnia cebula, pokrojona w kostkę

1 tajskie czerwone chili, posiekane

1 łodyga trawy cytrynowej

½ łyżeczki świeżej skórki z limonki

Sól i świeżo zmielony czarny pieprz do smaku 5 szklanek bulionu z kurczaka

1 łyżka oleju kokosowego

½ funta grzybów cremini, pokrojonych w plasterki

1 mała zielona cukinia

2 łyżki świeżego soku z limonki

2 łyżki sosu rybnego

¼ pęczka świeżej tajskiej bazylii, posiekanej

¼ pęczka posiekanej świeżej kolendry

Adresy:

1. Weź duży garnek, postaw na średnim ogniu, dodaj masło, a gdy się roztopi, dodaj krewetki, czosnek, imbir, cebulę, chilli, trawę cytrynową i skórkę z limonki, dopraw solą i czarnym pieprzem, gotuj 3 minuty.

2. Wlać bulion, gotować na wolnym ogniu przez 30 minut, następnie przecedzić.

3. Rozgrzej dużą patelnię na średnim ogniu, dodaj olej, a gdy będzie gorący, dodaj pieczarki i cukinię, dopraw solą i czarnym pieprzem i smaż przez 3 minuty.

4. Dodaj mieszaninę krewetek na patelnię, gotuj na wolnym ogniu przez 2 minuty, skrop sokiem z cytryny i sosem rybnym i gotuj przez 1 minutę.

5. Spróbuj doprawić, a następnie zdejmij patelnię z ognia, udekoruj kolendrą i bazylią i podawaj.

Informacje żywieniowe: Kalorie 223, tłuszcz ogółem 10,2 g, węglowodany ogółem 8,7 g, białko 23 g, cukier 3,6 g, sód 1128 mg

Orzo z suszonymi pomidorami Składniki:

1 funt piersi z kurczaka bez kości, bez skóry, pokrojony w kostki 3/4 cala

1 łyżka + 1 łyżeczka oliwy z oliwek

Sól i ostry mielony ciemny pieprz

2 posiekane ząbki czosnku

1/4 szklanki (8 uncji) suchego makaronu orzo

2 3/4 szklanki niskosodowego bulionu z kurczaka, w tym momencie bardziej wymieszanego (nie używaj zwykłych soków, będzie zbyt słony) 1/3 szklanki oleju ziołowego części suszonych pomidorów (około 12 części. Wstrząśnij dużą ilością oleju), drobno posiekane w robocie kuchennym

1/2 - 3/4 szklanki drobno posiekanego sera parmezan cheddar, do smaku
1/3 szklanki posiekanej chrupkiej bazylii

Adresy:

1. Podgrzej 1 łyżkę oliwy z oliwek na patelni saute na średnim ogniu.

2. Gdy mięso zacznie się błyszczeć, dodać kurczaka, doprawić lekko solą i pieprzem i smażyć, aż zacznie błyszczeć, około 3 minut w tym momencie, odwrócić na drugą stronę i smażyć, aż będzie lśniąco ciemne i dokładnie ugotowane, około 3 minuty. Przenieś kurczaka na talerz, posmaruj folią, aby się rozgrzał.

3. Dodaj 1 łyżeczkę oliwy z oliwek do podsmażenia potrawy; w tym momencie dodaj czosnek i smaż przez 20 sekund lub tylko do momentu, gdy zacznie delikatnie błyszczeć, w tym czasie wlej soki z kurczaka, zgarniając ugotowane kawałki z dna patelni.

4. Doprowadzić bulion do wrzenia, dodać makaron orzo, zmniejszyć ogień do średniego rondla z pokrywką i delikatnie bulgotać przez 5 minut w tym momencie, rozwinąć, wymieszać i dalej bulgotać, aż orzo się ugotuje Delikatny, około 5 minut dłużej, czasami mieszając (nie martw się, jeśli zostanie jeszcze trochę soku, trochę go ugryzie).

5. Gdy makaron będzie w pełni ugotowany, wrzuć kurczaka z orzo i zdejmij z ognia. Dodaj parmezan cheddar i mieszaj, aż się rozpuści, po czym dodaj suszone pomidory, bazylię i dopraw

z pieprzem (nie powinieneś solić, ale dodaj trochę, jeśli uważasz, że potrzebujesz).

6. Dodaj więcej soków, aby rozrzedzić, jak chcesz (jak makaron odpocznie, wchłonie dużo płynu, a mi smakował z odrobiną nadmiaru, więc dodałam coś innego). Podawać na gorąco.

Porcje zupy pieczarkowo-buraczkowej

Porcje: 4

Czas gotowania: 40 minut

Składniki:

2 łyżki oliwy z oliwek

1 posiekana żółta cebula

2 buraki, obrane i pokrojone w dużą kostkę

1 funt białych pieczarek, pokrojonych w plasterki

2 posiekane ząbki czosnku

1 łyżka koncentratu pomidorowego

5 szklanek bulionu warzywnego

1 łyżka posiekanej natki pietruszki

Adresy:

1. Rozgrzej garnek z olejem na średnim ogniu, dodaj cebulę i czosnek i smaż przez 5 minut.

2. Dodać pieczarki, wymieszać i smażyć jeszcze przez 5 minut.

3. Dodać buraki i pozostałe składniki, doprowadzić do wrzenia i gotować na średnim ogniu przez kolejne 30 minut, od czasu do czasu mieszając.

4. Nalej zupę do miseczek i podawaj.

Informacje żywieniowe:Kalorie 300, Tłuszcz 5, Błonnik 9, Węglowodany 8, Białko 7

Klopsiki z kurczaka z parmezanem Składniki:

2 funty mielonego kurczaka

3/4 szklanki bezglutenowej bułki tartej panko panko będzie dobrze działać

1/4 szklanki drobno posiekanej cebuli

2 łyżki posiekanej natki pietruszki

2 posiekane ząbki czosnku

wstań i idź 1 mała cytryna około 1 łyżeczka 2 jajka

3/4 szklanki startego sera Pecorino Romano lub parmezanu 1 łyżeczka prawdziwej soli

1/2 łyżeczki ostro mielonego ciemnego pieprzu

1 kwarta pięciominutowego sosu marinara

4-6 uncji chrupiącej mozzarelli

Adresy:

1. Rozgrzej piec do 400 stopni, umieszczając ruszt w górnej jednej trzeciej brojlerów. W dużej misce wymieszaj wszystko oprócz marinara i mozzarelli. Delikatnie wymieszaj rękoma lub dużą łyżką. Wydrążyć i uformować małe klopsiki i ułożyć na blasze wyłożonej folią. Umieść klopsiki naprawdę blisko

siebie na talerzu, aby do siebie pasowały. Na każdy klopsik wlej około pół łyżki sosu. Podgrzewać przez 15 minut.

2. Wyjmij klopsiki z pieca i zwiększ temperaturę brojlera, aby ugotować. Wlej dodatkowe pół łyżki sosu na każdy klopsik i udekoruj małym kwadratem mozzarelli. (Pokroiłem lekkie kawałki na kawałki o boku około 1 cala). Grilluj jeszcze 3 minuty, aż cheddar zmięknie i stanie się błyszczący. Na wierzchu dodatkowy sos. Doceniane!

Pulpety Alla Parmigiana Składniki:

Do klopsików

1,5 funta mielonego hamburgera (80/20)

2 łyżki ostrej pietruszki, posiekanej

3/4 szklanki rozdrobnionego sera parmezan cheddar

1/2 szklanki mąki migdałowej

2 jajka

1 łyżeczka formy soli

1/4 łyżeczki mielonego ciemnego pieprzu

1/4 łyżeczki czosnku w proszku

1 łyżeczka suszonych kropli cebuli

1/4 łyżeczki suszonego oregano

1/2 szklanki letniej wody

Do Parmigiany

1 szklanka zwykłego sosu keto marinara (lub dowolnego zakupionego lokalnie niesłodzonego sosu marinara)

4 uncje sera mozzarella cheddar

Adresy:

1. Połącz wszystkie klopsiki w dużej misce i dobrze wymieszaj.

2. Uformuj piętnaście 2-calowych klopsików.

3. Przygotuj w 350 stopniach (F) przez 20 minut LUB smaż na dużej patelni na średnim ogniu, aż się ugotuje. Ace Tip: Spróbuj obsmażyć w oleju bekonowym, jeśli go masz, to dodaje kolejny stopień smaku. Fricasseing tworzy jasne, ciemne cieniowanie, które pojawia się na powyższych fotografiach.

4. Parmigiana:

5. Ułóż ugotowane klopsiki w naczyniu nadającym się do gotowania na kuchence.

6. Na każdy klopsik wlej około 1 łyżkę sosu.

7. Posmaruj po około 1/4 uncji sera cheddar mozzarella.

8. Gotuj w temperaturze 350 stopni (F) przez 20 minut (40 minut, jeśli klopsiki są ustawione) lub do momentu, aż ser cheddar będzie gorący.

9. W razie potrzeby udekoruj świeżą pietruszką.

Chleb Z Piersi Indyka Z Zapiekanymi Warzywami

Porcje: 4

Czas gotowania: 45 minut

Składniki:

2 łyżki niesolonego masła w temperaturze pokojowej 1 średnia dynia żołądź, wypestkowana i pokrojona w cienkie plasterki 2 duże złote buraki, obrane i pokrojone w cienkie plasterki ½ średniej żółtej cebuli, cienko pokrojone

½ bez kości, ze skórą piersi indyka (1 do 2 funtów) 2 łyżki miodu

1 łyżeczka soli

1 łyżeczka kurkumy

¼ łyżeczki świeżo zmielonego czarnego pieprzu

1 szklanka bulionu z kurczaka lub bulionu warzywnego

Adresy:

1. Rozgrzej piekarnik do 400 ° F. Nasmaruj blachę do pieczenia masłem.

2. Ułóż dynię, buraki i cebulę w jednej warstwie na blasze do pieczenia. Ułożyć indyka skórą do góry. Skropić miodem.

Doprawiamy solą, kurkumą i pieprzem i zalewamy bulionem.

3. Piecz, aż indyk zarejestruje temperaturę 165 ° F w środku za pomocą termometru z natychmiastowym odczytem, od 35 do 45 minut. Wyjąć i odstawić na 5 minut.

4. Pokrój i podawaj.

Informacje żywieniowe:Kalorie 383 Tłuszcz ogółem: 15 g Węglowodany ogółem: 25 g Cukier: 13 g Błonnik: 3 g Białko: 37 g Sód: 748 mg

Kremowa wieprzowina i pomidory Porcje: 4

Czas gotowania: 35 minut

Składniki:

2 funty wieprzowiny na gulasz, pokrojone w kostkę

2 łyżki oleju z awokado

1 szklanka pokrojonych w kostkę pomidorów

1 szklanka kremu kokosowego

1 łyżka mielonej mięty

1 papryczka jalapeno, posiekana

Szczypta soli morskiej i czarnego pieprzu.

1 łyżka papryczki chilli

2 łyżki soku z cytryny

Adresy:

1. Rozgrzej patelnię z olejem na średnim ogniu, dodaj mięso i smaż przez 5 minut.

2. Dodaj pozostałe składniki, zamieszaj, gotuj na średnim ogniu jeszcze przez 30 minut, rozłóż na talerzach i podawaj.

Informacje żywieniowe:Kalorie 230, Tłuszcz 4, Błonnik 6, Węglowodany 9, Białko 14

Porcje polędwicy cytrynowej porcje: 2

Czas gotowania: 25 minut

Składniki:

¼ łyżeczki przyprawy za'atar

Skórka otarta z 1 cytryny

½ łyżeczki suszonego tymianku

¼ łyżeczki czosnku w proszku

¼ łyżeczki soli

1 łyżka oliwy z oliwek

1 (8 uncji / 227 g) polędwicy wieprzowej, ze skórą z jednej drzazgi <u>Adresy:</u>

1. Rozgrzej piekarnik do 425ºF (220ºC).

2. Połącz przyprawę za'atar, skórkę z cytryny, tymianek, czosnek w proszku i sól w misce, a następnie natrzyj mieszanką polędwicę wieprzową z obu stron.

3. Rozgrzej oliwę z oliwek na patelni żaroodpornej na średnim ogniu, aż zacznie błyszczeć.

4. Dodać polędwicę wieprzową i smażyć przez 6 minut lub do zrumienienia.

Odwróć wieprzowinę w połowie czasu gotowania.

5. Umieść blachę w nagrzanym piekarniku i piecz przez 15 minut lub do momentu, gdy termometr z natychmiastowym odczytem umieszczony w najgrubszej części polędwicy wskaże co najmniej 145ºF (63ºC).

6. Przenieś ugotowaną polędwicę na duży talerz i pozostaw do ostygnięcia na kilka minut przed podaniem.

Informacje żywieniowe:kalorie: 184; tłuszcz: 10,8 g; węglowodany: 1,2 g; błonnik: 0g; białko: 20,1g; sód: 358 mg

Kurczak Z Brokułami Porcje: 4

Składniki:

1 mała biała cebula posiekana

1½ szklanki niskotłuszczowego, niskosodowego bulionu z kurczaka

świeżo zmielony czarny pieprz

2 C. posiekane brokuły

1 funt pokrojonych w kostkę udek z kurczaka, bez skóry i kości 2 ząbki czosnku, posiekane

Adresy:

1. W wolnej kuchence dodaj wszystkie składniki i dobrze wymieszaj.

2. Ustaw powolną kuchenkę na małym ogniu.

3. Przykryj i gotuj przez 4-5 godzin.

4. Podawaj gorące.

Informacje żywieniowe:Kalorie: 300, Tłuszcz: 9g, Węglowodany: 19g, Białko: 31g, Cukry: 6g, Sód: 200mg

Chrupiąca Polędwiczka Z Kurczaka Porcje: 4

Czas gotowania: 15 minut

Składniki:

1 ubite jajko

8 polędwiczek z kurczaka

2 łyżki oleju z awokado

½ szklanki bułki tartej

Adresy:

1. Rozgrzej frytkownicę do 350 stopni F.

2. Zanurz kurczaka w jajku.

3. Wymieszaj olej i bułkę tartą.

4. Pokryj kurczaka tą mieszanką.

5. Dodaj do koszyka frytownicy.

6. Gotuj przez 15 minut.

Schab z Pieczarkami i Ogórkami Porcje: 4

Czas gotowania: 25 minut

Składniki:

2 łyżki oliwy z oliwek

½ łyżeczki suszonego oregano

4 kotlety schabowe

2 posiekane ząbki czosnku

Sok z 1 limonki

¼ szklanki posiekanej kolendry

Szczypta soli morskiej i czarnego pieprzu.

1 szklanka białych pieczarek, przekrojonych na pół

2 łyżki octu balsamicznego

Adresy:

1. Rozgrzej patelnię z olejem na średnim ogniu, dodaj kotlety schabowe i smaż przez 2 minuty z każdej strony.

2. Dodaj pozostałe składniki, wymieszaj, gotuj na średnim ogniu przez 20 minut, rozłóż na talerzach i podawaj.

Informacje żywieniowe:Kalorie 220, Tłuszcz 6, Błonnik 8, Węglowodany 14,2, Białko 20

porcje udek z kurczakaporcje: 4

Składniki:

¼ c. siekana cebula

1 opakowanie ugotowanego makaronu Chow Mein

świeżo mielony pieprz

2 puszki kremu grzybowego

1 ¼ w. pokrojony seler

1 C. orzechy nerkowca

2 C. gotowany kurczak pokrojony w kostkę

½ szklanki wody

Adresy:

1. Rozgrzej piekarnik do 375°F.

2. W żaroodpornym garnku zalać obie puszki kremu z grzybów i wodą. Mieszać do połączenia.

3. Do zupy dodać pokrojonego w kostkę ugotowanego kurczaka, cebulę, seler, paprykę i orzechy nerkowca. Mieszaj, aż się połączą. Dodaj połowę makaronu do mieszanki, mieszaj, aż się pokryje.

4. Przykryj zapiekankę resztą makaronu.

5. Umieść garnek w piekarniku. Piec przez 25 minut.

6. Podawaj natychmiast.

Informacje żywieniowe:Kalorie: 201, Tłuszcz: 17 g, Węglowodany: 15 g, Białko: 13 g, Cukry: 7 g, Sód: 10 mg

Balsamiczny grillowany kurczak Porcje: 4

Składniki:

1 łyżka stołowa. posiekany świeży rozmaryn

1 posiekany ząbek czosnku

Czarny pieprz

1 łyżka stołowa. Oliwa z oliwek

1 łyżeczka brązowego cukru

6 gałązek rozmarynu

1 cały kurczak

½ szklanki octu balsamicznego

Adresy:

1. Połącz czosnek, posiekany rozmaryn, czarny pieprz i oliwę z oliwek.

Natrzyj kurczaka ziołową mieszanką oliwy z oliwek.

2. Do środka kurczaka włożyć 3 gałązki rozmarynu.

3. Umieść kurczaka na blasze do pieczenia i piecz w temperaturze 400 F przez około 1 godzinę. 30 minut.

4. Gdy kurczak się zrumieni, a soki będą klarowne, przełóż na półmisek.

5. W rondelku rozpuścić cukier w occie balsamicznym na małym ogniu.

Nie gotować.

6. Pokrój kurczaka i polej mieszanką octu.

<u>Informacje żywieniowe:</u>Kalorie: 587, Tłuszcz: 37,8 g, Węglowodany: 2,5 g, Białko: 54,1

g, Cukry: 0 g, Sód: 600 mg

Porcje steków i grzybówporcje: 4

Czas gotowania: 15 minut

Składniki:

2 łyżki oliwy z oliwek

8 uncji pieczarki, pokrojone

½ łyżeczki czosnku w proszku

1 funtowy stek, pokrojony w kostkę

1 łyżeczka (5 ml) sosu Worcestershire

pieprz do smaku

Adresy:

1. Rozgrzej frytkownicę do 400 stopni F.

2. Połącz wszystkie składniki w misce.

3. Przenieś do koszyka frytownicy.

4. Gotuj przez 15 minut, dwukrotnie potrząsając koszykiem.

Porcje mięsne Liczba porcji: 4

Czas gotowania: 12 minut

Składniki:

2 łyżeczki cebuli w proszku

1 łyżeczka czosnku w proszku

2 łyżeczki posiekanego rozmarynu

1 łyżeczka papryki

2 łyżki aminokwasów kokosowych o niskiej zawartości sodu

pieprz do smaku

1 funtowy stek, pokrojony w paski

Adresy:

1. Wymieszaj wszystkie przyprawy i przyprawy w misce.

2. Dodaj paski steku.

3. Pozwól marynować przez 10 minut.

4. Dodaj do koszyka frytownicy.

5. Gotuj w temperaturze 380 stopni F przez 12 minut, mieszając raz lub dwa razy w połowie gotowania.

Brzoskwiniowe Porcje Kurczaka porcje: 4-5

Składniki:

2 posiekane ząbki czosnku

¼ c. ocet balsamiczny

4 pokrojone brzoskwinie

4 piersi z kurczaka bez kości i skóry

¼ c. posiekana bazylia

1 łyżka stołowa. Oliwa z oliwek

1 posiekana szalotka

¼ łyżeczki czarnego pieprzu

Adresy:

1. Rozgrzej olej w rondlu na średnim ogniu.

2. Dodać mięso i doprawić czarnym pieprzem; Smaż przez 8 minut z każdej strony i odstaw na talerz.

3. Na tej samej patelni dodaj szalotkę i czosnek; zamieszaj i gotuj przez 2 minuty.

4. Dodaj brzoskwinie; mieszamy i gotujemy jeszcze 4-5 minut.

5. Dodaj ocet, gotowanego kurczaka i bazylię; mieszamy i gotujemy pod przykryciem jeszcze 3-4 minuty.

6. Podawaj gorące.

<u>Informacje żywieniowe:</u>Kalorie: 270, Tłuszcz: 0 g, Węglowodany: 6,6 g, Białko: 1,5 g, Cukry: 24 g, Sód: 87 mg

Porcje mielonej wieprzowiny

porcje: 4

Czas gotowania: 15 minut

Składniki:

2 posiekane ząbki czosnku

2 posiekane czerwone papryczki chilli

2 łyżki oliwy z oliwek

2 funty mielonego gulaszu wieprzowego

1 posiekana czerwona papryka

1 posiekana zielona papryka

1 pokrojony w kostkę pomidor

½ szklanki pieczarek, przekrojonych na pół

Szczypta soli morskiej i czarnego pieprzu.

1 łyżka posiekanej bazylii

2 łyżki aminokwasów kokosowych

Adresy:

1. Rozgrzej patelnię z olejem na średnim ogniu, dodaj czosnek, papryczki chilli, paprykę, pomidor i pieczarki, smaż przez 5 minuty.

2. Dodać mięso i pozostałe składniki, wymieszać, gotować na średnim ogniu jeszcze przez 10 minut, rozłożyć na talerzach i podawać.

Informacje żywieniowe:Kalorie 200, Tłuszcz 3, Błonnik 5, Węglowodany 7, Białko 17

Wieprzowina z pietruszką i karczochami Porcje: 4

Czas gotowania: 35 minut

Składniki:

2 łyżki octu balsamicznego

1 szklanka serc karczochów z puszki, odsączonych i pokrojonych w ćwiartki 2 łyżki oliwy z oliwek

2 funty wieprzowiny na gulasz, pokrojone w kostkę

2 łyżki posiekanej natki pietruszki

1 łyżeczka kminku, mielonego

1 łyżeczka kurkumy w proszku

2 posiekane ząbki czosnku

Szczypta soli morskiej i czarnego pieprzu.

Adresy:

1. Rozgrzej patelnię z olejem na średnim ogniu, dodaj mięso i smaż przez 5 minut.

2. Dodać karczochy, ocet i inne składniki, wymieszać, gotować na średnim ogniu przez 30 minut, rozłożyć na talerzach i podawać.

Informacje żywieniowe:Kalorie 260, tłuszcz 5, błonnik 4, węglowodany 11, białko 20

Wieprzowina z batatami i tymiankiem Porcje: 4

Czas gotowania: 35 minut

Składniki:

2 słodkie ziemniaki, obrane i pokrojone w ćwiartki 4 kotlety schabowe

3 posiekany szczypiorek

1 łyżka posiekanego tymianku

2 łyżki oliwy z oliwek

4 ząbki czosnku, posiekane

Szczypta soli morskiej i czarnego pieprzu.

½ szklanki bulionu warzywnego

½ łyżki posiekanego szczypiorku

Adresy:

1. Na brytfannie połącz kotlety schabowe z ziemniakami i innymi składnikami, delikatnie wymieszaj i gotuj w temperaturze 390 stopni F przez 35

minuty.

2. Podziel wszystko na talerze i podawaj.

Informacje żywieniowe:Kalorie 210, Tłuszcz 12,2, Błonnik 5,2, Węglowodany 12, Białko 10

Mieszane wieprzowe curry Liczba porcji: 4

Czas gotowania: 30 minut

Składniki:

2 łyżki oliwy z oliwek

4 posiekany szczypiorek

2 posiekane ząbki czosnku

2 funty wieprzowiny na gulasz, pokrojone w kostkę

2 łyżki czerwonej pasty curry

1 łyżeczka pasty chili

2 łyżki octu balsamicznego

¼ szklanki bulionu warzywnego

¼ szklanki posiekanej natki pietruszki

Adresy:

1. Rozgrzej patelnię z olejem na średnim ogniu, dodaj dymkę i czosnek i smaż przez 5 minut.

2. Dodać mięso i smażyć jeszcze przez 5 minut.

3. Dodaj pozostałe składniki, wymieszaj, gotuj na średnim ogniu przez 20 minut, rozłóż na talerzach i podawaj.

Informacje żywieniowe:Kalorie 220, Tłuszcz 3, Błonnik 4, Węglowodany 7, Białko 12

Smażony kurczak i brokuły Porcje: 4

Czas gotowania: 10 minut

Składniki:

3 łyżki oliwy z oliwek extra vergine

1½ szklanki różyczek brokułów

1½ funta (680 g) piersi z kurczaka bez kości i skóry, pokrojonych na kawałki wielkości kęsa

½ posiekanej cebuli

½ łyżeczki soli morskiej

⅛ łyżeczki świeżo zmielonego czarnego pieprzu

3 ząbki czosnku, posiekane

2 szklanki ugotowanego brązowego ryżu

Adresy:

1. Rozgrzej oliwę z oliwek na dużej nieprzywierającej patelni na średnim ogniu, aż zacznie połyskiwać.

2. Dodaj brokuły, kurczaka i cebulę na patelnię i dobrze wymieszaj.

Doprawić solą morską i czarnym pieprzem.

3. Smażyć przez około 8 minut lub do momentu, aż kurczak będzie złotobrązowy i ugotowany.

4. Dodać czosnek i smażyć 30 sekund, ciągle mieszając, aż czosnek zacznie pachnieć.

5. Zdjąć z ognia na talerz i podawać z ugotowanym brązowym ryżem.

Informacje żywieniowe:kalorie: 344; tłuszcz: 14,1 g; białko: 14,1g; węglowodany: 40,9 g; błonnik: 3,2 g; cukier: 1,2 g; sód: 275 mg

Porcje kurczaka i brokułów porcje: 4

Składniki:

2 posiekane ząbki czosnku

4 piersi z kurczaka bez kości i skóry

½ szklanki śmietanki kokosowej

1 łyżka stołowa. posiekane oregano

2 C. różyczki brokuła

1 łyżka stołowa. organiczna oliwa z oliwek

1 C. posiekana czerwona cebula

Adresy:

1. Rozgrzej patelnię z olejem na średnim ogniu, dodaj piersi z kurczaka i smaż przez 5 minut z każdej strony.

2. Dodać cebulę i czosnek, wymieszać i smażyć jeszcze 5 minut.

3. Dodaj oregano, brokuły i śmietanę, wszystko wymieszaj, gotuj jeszcze przez 10 minut, rozłóż na talerzach i podawaj.

4. Ciesz się!

Informacje żywieniowe:Kalorie: 287, Tłuszcz: 10 g, Węglowodany: 14 g, Białko: 19 g, Cukry: 10 g, Sód: 1106 mg

Śródziemnomorska Pieczona Kurczak Z Warzywami Porcje: 4

Czas gotowania: 20 minut

Składniki:

4 (113 g) piersi z kurczaka bez kości i skóry 2 łyżki oleju z awokado

1 szklanka pokrojonych grzybów cremini

1 szklanka zapakowanego świeżego posiekanego szpinaku

1 litr pomidorków koktajlowych, przekrojonych na pół

½ szklanki posiekanej świeżej bazylii

½ czerwonej cebuli, cienko pokrojonej

4 ząbki czosnku, posiekane

2 łyżeczki octu balsamicznego

Adresy:

1. Rozgrzej piekarnik do 400ºF (205ºC).

2. Umieść pierś z kurczaka w dużym naczyniu do pieczenia i posmaruj obficie olejem z awokado.

3. Połącz grzyby, szpinak, pomidory, bazylię, czerwoną cebulę, goździki i ocet w średniej misce i wymieszaj. Każdą pierś z kurczaka posmarować ¼ mieszanki warzywnej.

4. Piec w nagrzanym piekarniku przez około 20 minut lub do momentu, gdy temperatura wewnętrzna osiągnie co najmniej 165ºF (74ºC), a soki po nakłuciu widelcem będą klarowne.

5. Pozwól kurczakowi odpocząć przez 5 do 10 minut przed pokrojeniem do podania.

Informacje żywieniowe:kalorie: 220; tłuszcz: 9,1 g; białko: 28,2 g; węglowodany: 6,9 g; błonnik: 2,1g; cukier: 6,7 g; sód: 310 mg

Bębki z kurczaka z Hidden Valley Porcje: 6 - 8

Składniki:

2 łyżki ostrego sosu

½ szklanki roztopionego masła

Łodygi selera

2 opakowania suchej mieszanki dressingu Hidden Valley

3 łyżki octu

12 udek z kurczaka

Papryka

Adresy:

1. Rozgrzej piekarnik do 350°F.

2. Opłucz i osusz kurczaka.

3. W misce wymieszaj suchy dressing, roztopione masło, ocet i ostry sos. Mieszaj, aż się połączą.

4. Umieść udka w dużej plastikowej torbie, polej je sosem. Wmasuj sos, aż udka zostaną przykryte.

5. Ułóż kurczaka w jednej warstwie w naczyniu do pieczenia. Posypać papryką.

6. Piec przez 30 minut, przewracając w połowie.

7. Podawaj z crudité lub sałatką.

Informacje żywieniowe:Kalorie: 155 Tłuszcz: 18 g Węglowodany: 96 g Białko: 15 g Cukry: 0,7 g Sód: 340 mg

Balsamiczny Kurczak I Fasola Porcje: 4

Składniki:

1 funt pokrojonej w kostkę świeżej zielonej fasoli

¼ c. ocet balsamiczny

2 pokrojone szalotki

2 łyżki płatków czerwonej papryki

4 piersi z kurczaka bez kości i skóry

2 posiekane ząbki czosnku

3 łyżki oliwy z oliwek extra virgin

Adresy:

1. Połącz 2 łyżki oliwy z oliwek z octem balsamicznym, czosnkiem i szalotką. Zalej piersi z kurczaka i wstaw do lodówki na całą noc.

2. Następnego dnia rozgrzej piekarnik do 375°F.

3. Wyjmij kurczaka z marynaty i umieść w płytkim naczyniu do zapiekania. Resztę marynaty wyrzucić.

4. Piec w piekarniku przez 40 minut.

5. Gdy kurczak się gotuje, zagotuj wodę w dużym garnku.

6. Umieść fasolkę szparagową w wodzie i gotuj przez pięć minut, a następnie odcedź.

7. W garnku rozgrzej łyżkę oliwy z oliwek i po przepłukaniu włóż fasolkę szparagową.

8. Wymieszaj z płatkami czerwonej papryki.

Informacje żywieniowe:Kalorie: 433, Tłuszcz: 17,4 g, Węglowodany: 12,9 g, Białko: 56,1

g, cukry: 13 g, sód: 292 mg

Porcje włoskiej wieprzowiny porcje:6

Czas gotowania: 1 godzina

Składniki:

2 funty pieczonej wieprzowiny

3 łyżki oliwy z oliwek

2 łyżeczki suszonego oregano

1 łyżka włoskiej przyprawy

1 łyżeczka suszonego rozmarynu

1 łyżeczka suszonej bazylii

3 ząbki czosnku, posiekane

¼ szklanki bulionu warzywnego

Szczypta soli i czarnego pieprzu.

Adresy:

1. Na blasze do pieczenia połącz pieczeń wieprzową z olejem, oregano i innymi składnikami, wymieszaj i piecz w temperaturze 390 stopni F przez 1 godzinę.

2. Pieczeń pokroić w plastry, podzielić wraz z pozostałymi składnikami na talerze i podawać.

Informacje żywieniowe:kalorie 580, tłuszcz 33,6, błonnik 0,5, węglowodany 2,3, białko 64,9

Kurczak i Brukselka Porcje: 4

Składniki:

1 jabłko pozbawione gniazd nasiennych, obrane i posiekane

1 posiekana żółta cebula

1 łyżka stołowa. organiczna oliwa z oliwek

3 w. posiekana brukselka

1 funt mielonego mięsa z kurczaka

Czarny pieprz

Adresy:

1. Rozgrzej patelnię z olejem na średnim ogniu, dodaj kurczaka, mieszaj i smaż przez 5 minut.

2. Dodaj brukselkę, cebulę, czarny pieprz i jabłko, wymieszaj, gotuj przez 10 minut, rozłóż do miseczek i podawaj.

3. Ciesz się!

Informacje żywieniowe:Kalorie: 200, Tłuszcz: 8 g, Węglowodany: 13 g, Białko: 9 g, Cukry: 3,3 g, Sód: 194 mg

Składniki na Kanapkę Z Kurczaka

1 C. grzanki

1 C. ugotowane i pokrojone w kostkę brokuły

½ szklanki wody

1 C. rozdrobniony bardzo ostry ser cheddar

½ funta gotowanych polędwiczek z kurczaka bez kości i skóry 1 puszka zupy grzybowej

Adresy:

1. Rozgrzej piekarnik do 350°F

2. W dużym garnku podgrzej zupę i wodę. Dodaj kurczaka, brokuły i ser. Dobrze wymieszaj.

3. Wlać do wysmarowanej tłuszczem formy do pieczenia.

4. Umieść grzanki na mieszance.

5. Piecz przez 30 minut lub do momentu, aż zapiekanka będzie bulgotać, a grzanki złociste.

Informacje żywieniowe:Kalorie: 380 Tłuszcz: 22 g Węglowodany: 10 g Białko: 25 g Cukry: 2 g Sód: 475 mg

porcje parmezanu z kurczakaporcje: 4

Czas gotowania: 10 minut

Składniki:

4 filety z piersi kurczaka

2 łyżeczki czosnku w proszku

2 łyżeczki włoskiej przyprawy

pieprz do smaku

¼ szklanki parmezanu

½ szklanki bułki tartej

1 szklanka bułki tartej

2 ubite jajka

spray do gotowania

Adresy:

1. Rozbij pierś kurczaka tłuczkiem do mięsa.

2. Dopraw czosnkiem w proszku, włoską przyprawą i pieprzem.

3. Wymieszaj mąkę migdałową i parmezan w misce.

4. Dodaj jajka do innej miski.

5. Zanurz filet z kurczaka w jajku, a następnie w mące.

6. Spryskaj olejem.

7. Włóż do frytkownicy.

8. Gotuj w temperaturze 350 stopni F przez 10 minut z każdej strony.

Wystawne indyjskie porcje curry z kurczaka

porcje:6

Czas gotowania: 20 minut

Składniki:

2 łyżki oleju kokosowego, podzielone

2 (4 uncje / 113 g) piersi z kurczaka bez kości i skóry, pokrojone na kawałki wielkości kęsa

2 średnie marchewki, pokrojone w kostkę

1 mała biała cebula, pokrojona w kostkę

1 łyżka posiekanego świeżego imbiru

6 ząbków czosnku, posiekanych

1 szklanka groszku słodkiego, pokrojonego w kostkę

1 puszka (153 g) niesłodzonej śmietanki kokosowej 1 łyżka niesłodzonego sosu rybnego

1 szklanka bulionu z kurczaka o niskiej zawartości sodu

½ szklanki pokrojonych w kostkę pomidorów z sokiem

1 łyżka curry w proszku

¼ łyżeczki soli morskiej

Szczypta pieprzu cayenne do smaku

Świeżo zmielony czarny pieprz do smaku

¼ szklanki przefiltrowanej wody

Adresy:

1. Podgrzej 1 łyżkę oleju kokosowego na nieprzywierającej patelni na średnim ogniu, aż się rozpuści.

2. Dodaj piersi z kurczaka na patelnię i smaż przez 15 minut lub do momentu, gdy termometr włożony do najgrubszej części piersi z kurczaka wskaże co najmniej 165ºF (74ºC). Odwróć piersi z kurczaka w połowie czasu gotowania.

3. W międzyczasie na osobnej patelni podgrzej pozostały olej kokosowy na średnim ogniu, aż się rozpuści.

4. Dodaj marchewkę, cebulę, imbir i czosnek na patelnię i smaż przez 5 minut lub do momentu, aż cebula zacznie pachnieć, a cebula się zeszkli.

5. Dodaj groszek, śmietankę kokosową, sos rybny, rosół z kurczaka, pomidory, curry w proszku, sól, pieprz cayenne, czarny pieprz i wodę. Mieszaj, aby dobrze wymieszać.

6. Doprowadzić do wrzenia. Zmniejsz ogień do średnio-niskiego, a następnie gotuj na wolnym ogniu przez 10 minut.

7. Dodaj ugotowanego kurczaka na drugą patelnię, a następnie smaż przez 2 więcej minut do dobrego połączenia.

8. Wlej curry na duży talerz i natychmiast podawaj.

Informacje żywieniowe:kalorie: 223; tłuszcz: 15,7 g; białko: 13,4g; węglowodany: 9,4 g

; błonnik: 3,0 g; cukier: 2,3g; sód: 673 mg

Wieprzowina z balsamicznym sosem cebulowym Porcje: 4

Czas gotowania: 35 minut

Składniki:

1 posiekana żółta cebula

4 posiekany szczypiorek

2 łyżki oleju z awokado

1 łyżka posiekanego rozmarynu

1 łyżka startej skórki z cytryny

2 funty pieczonej wieprzowiny, pokrojonej w plastry

2 łyżki octu balsamicznego

½ szklanki bulionu warzywnego

Szczypta soli morskiej i czarnego pieprzu.

Adresy:

1. Rozgrzej patelnię z olejem na średnim ogniu, dodaj cebulę i szczypiorek i smaż przez 5 minut.

2. Dodaj pozostałe składniki oprócz mięsa, wymieszaj i gotuj na wolnym ogniu przez 5 minut.

3. Dodać mięso, delikatnie wymieszać, gotować na średnim ogniu przez 25 minut, rozłożyć na talerzach i podawać.

Informacje żywieniowe:Kalorie 217, Tłuszcz 11, Błonnik 1, Węglowodany 6, Białko 14

373. Pieczeń mięsnaPorcje: 4

Czas gotowania: 30 minut

Składniki:

1 funt chudej mielonej wołowiny

3 łyżki bułki tartej

1 posiekana cebula

1 łyżka posiekanego świeżego tymianku

Czosnek w proszku do smaku

pieprz do smaku

2 pieczarki posiekane

1 łyżka oliwy z oliwek

Adresy:

1. Rozgrzej frytkownicę do 392 stopni F.

2. Połącz wszystkie składniki w misce.

3. Wciśnij mieszaninę do małej formy do pieczenia chleba.

4. Dodaj patelnię do koszyka frytownicy.

5. Gotuj przez 30 minut.

Wieprzowina z gruszkami i imbirem Porcje: 4

Czas gotowania: 35 minut

Składniki:

2 posiekane zielone cebule

2 łyżki oleju z awokado

2 funty pieczonej wieprzowiny, pokrojonej w plastry

½ szklanki aminokwasów kokosowych

1 łyżka mielonego imbiru

2 gruszki, pozbawione gniazd nasiennych i pokrojone w kliny

¼ szklanki bulionu warzywnego

1 łyżka posiekanego szczypiorku

Adresy:

1. Rozgrzej patelnię z olejem na średnim ogniu, dodaj cebulę i mięso i smaż przez 2 minuty z każdej strony.

2. Dodaj pozostałe składniki, delikatnie wymieszaj i piecz w 390 stopni F przez 30 minut.

3. Podziel mieszankę na talerze i podawaj.

Informacje żywieniowe:Kalorie 220, Tłuszcz 13,3, Błonnik 2, Węglowodany 16,5, Białko 8

Porcje Kurczaka Maślanegoporcje:6

Składniki:

8 ząbków czosnku drobno posiekanych

¼ c. masło niesolone, niskotłuszczowe, posiekane

świeżo zmielony czarny pieprz

6 oz. udka z kurczaka bez kości i bez skóry

1 łyżeczka pieprzu cytrynowego

Adresy:

1. W dużej wolnej kuchence umieść udka z kurczaka.

2. Udka z kurczaka równomiernie posmarować masłem.

3. Równomiernie posyp czosnek, pieprz cytrynowy i czarny pieprz.

4. Ustaw powolną kuchenkę na małym ogniu.

5. Przykryj i gotuj przez około 6 godzin.

Informacje żywieniowe:Kalorie: 438 Tłuszcz: 28 g Węglowodany: 14 g Białko: 30 g Cukry: 2 g Sód: 700 mg

Gorące skrzydełka z kurczaka Porcje: 4 - 5

Składniki:

2 łyżki miodu

½ kostki margaryny

2 łyżki pieprzu cayenne

1 butelka ostrego sosu durkee

10-20 skrzydełek z kurczaka

10 koktajli z sosem Tabasco

Adresy:

1. W głębokim garnku rozgrzej olej rzepakowy. Smażyć skrzydełka do ugotowania, około 20 minut.

2. W średniej misce wymieszaj ostry sos, miód, tabasco i pieprz cayenne. Dobrze wymieszaj.

3. Usmażone skrzydełka ułożyć na ręcznikach papierowych. Spuść nadmiar oleju.

4. Wrzuć skrzydełka z kurczaka do sosu, aż równomiernie się nim pokryje.

Informacje żywieniowe:Kalorie: 102, Tłuszcz: 14 g, Węglowodany: 55 g, Białko: 23 g, Cukry: 0,3 g, Sód: 340 mg

Kurczak, makaron i groszek Porcje: 1-2

Składniki:

świeżo mielony pieprz

2 ½ szklanki makaronu penne

1 standardowy słoik pomidorowy sos bazyliowy do makaronu 1 szkl. groszek śnieżny przekrojony na pół i przycięty

1 funt piersi z kurczaka

1 łyżeczka oliwy z oliwek

Adresy:

1. Na średniej patelni rozgrzej oliwę z oliwek. Piersi z kurczaka doprawiamy solą i pieprzem. Gotuj piersi z kurczaka, aż będą ugotowane, około 5 do 7 minut z każdej strony.

2. Ugotuj makaron zgodnie z instrukcją na opakowaniu. Groch ugotować z makaronem.

3. Nabierz 1 szklankę wody z makaronu. Odcedź makaron i groszek, zachowaj.

4. Po ugotowaniu kurczaka pokrój go w plastry.

5. Umieść kurczaka z powrotem na patelni. Dodaj sos do makaronu. Jeśli mieszanka wydaje się sucha.

6. Dodaj trochę wody z makaronu, aż uzyskasz pożądaną konsystencję. Podgrzej razem.

7. Rozłóż do miseczek i podawaj od razu.

Informacje żywieniowe:Kalorie: 140, Tłuszcz: 17 g, Węglowodany: 52 g, Białko: 34 g, Cukry: 2,3 g, Sód: 400 mg

378. PulpetyPorcje: 4

Czas gotowania: 15 minut

Składniki:

spray do gotowania

2 funty chudej mielonej wołowiny

¼ szklanki posiekanej cebuli

2 posiekane ząbki czosnku

2 łyżki posiekanej natki pietruszki

pieprz do smaku

½ łyżeczki płatków czerwonej papryki

1 łyżeczka włoskiej przyprawy

Adresy:

1. Spryskaj kosz frytownicy olejem.

2. W misce wymieszaj pozostałe składniki.

3. Z masy uformuj klopsiki.

4. Dodaj do koszyka frytownicy.

5. Gotuj przez 15 minut, wstrząsając raz lub dwa razy.

Morelowe Skrzydełka Z Kurczaka Porcje: 3 - 4

Składniki:

1 średni słoik konfitury morelowej

1 opakowanie Lipton Suszona Zupa Cebulowa Mix

1 średnia butelka sosu rosyjskiego

2 funty. skrzydełka kurczaka

Adresy:

1. Rozgrzej piekarnik do 350°F.

2. Opłucz i osusz skrzydełka z kurczaka.

3. Ułóż skrzydełka z kurczaka na blasze do pieczenia w jednej warstwie.

4. Piecz przez 45 - 60 minut, przewracając w połowie.

5. W średniej misce wymieszaj zupę Lipton, konfiturę morelową i sos rosyjski.

6. Gdy skrzydełka się ugotują, wymieszaj je z sosem, aż kawałki się pokryją.

7. Podawaj natychmiast z dodatkiem.

Informacje żywieniowe:Kalorie: 162, Tłuszcz: 17 g, Węglowodany: 76 g, Białko: 13 g, Cukry: 24 g, Sód: 700 mg

Uda z kurczaka Porcje: 4

Czas gotowania: 20 minut

Składniki:

4 filety z uda kurczaka

2 łyżeczki oliwy z oliwek

1 łyżeczka czosnku w proszku

1 łyżeczka papryki

pieprz do smaku

Adresy:

1. Rozgrzej frytkownicę do 400 stopni F.

2. Kurczaka posmarować olejem.

3. Posyp kurczaka z obu stron czosnkiem w proszku, papryką i pieprzem.

4. Smażyć na powietrzu przez 20 minut.

Chrupiące Kurczaki Porcje: 4

Czas gotowania: 10 minut

Składniki:

1 funt filetów z kurczaka

1 łyżka oliwy z oliwek

Zmatowiały

¼ szklanki bułki tartej

1 łyżeczka papryki

pieprz do smaku

¼ łyżeczki czosnku w proszku

¼ łyżeczki cebuli w proszku

Szczypta pieprzu cayenne

Adresy:

1. Rozgrzej frytkownicę do 390 stopni F.

2. Posmaruj kurczaka oliwą z oliwek.

3. W misce wymieszać składniki na panierkę.

4. Kurczaka panierować w panierce.

5. Umieść w koszu frytownicy.

6. Gotuj przez 3 do 5 minut.

7. Odwróć i gotuj przez kolejne 3 minuty.

Mistrzowskie kieszonki z kurczaka Porcje: 4

Składniki:

½ szklanki posiekanych brokułów

2 rundy pełnoziarnistej pita, przekrojone na pół

¼ c. Butelkowany sos do sałatek o obniżonej zawartości tłuszczu ¼ szkl. posiekane orzechy włoskie lub orzechy włoskie

1 ½ szklanki posiekanego ugotowanego kurczaka

¼ c. niskotłuszczowy jogurt naturalny

¼ c. Starta marchewka

Adresy:

1. W małej misce wymieszaj jogurt z sosem sałatkowym.

2. W średniej misce połącz kurczaka, brokuły, marchewkę i opcjonalnie orzechy włoskie. Wlać mieszankę jogurtową na kurczaka; wymieszać do pokrycia.

3. Łyżką przełóż mieszankę kurczaka do połówek pita.

Informacje żywieniowe:Kalorie: 384, Tłuszcz: 11,4 g, Węglowodany: 7,4 g, Białko: 59,3 g, cukry: 1,3 g, sód: 368,7 mg

Kurczak z grilla Porcje: 4

Składniki:

1 średnia papryka pokrojona w kostkę

1 łyżka stołowa. olej rzepakowy

1 C. Pikantny, słodko-pikantny sos BBQ Świeżo mielony czarny pieprz

1 średnia cebula posiekana

1 funt bez kości, bez skóry piersi z kurczaka

3 ząbki czosnku, posiekane

Adresy:

1. Umyj piersi z kurczaka i osusz. Pokroić na kawałki wielkości kęsa.

2. Rozgrzej olej na dużej patelni na średnim ogniu. Dodaj kurczaka, cebulę, czosnek i paprykę i smaż, mieszając, przez 5 minut.

3. Dodaj sos barbecue i wymieszaj. Zmniejsz temperaturę do średnio-niskiej i przykryj patelnię. Gotuj, często mieszając, aż kurczak będzie ugotowany, około 15 minut.

4. Zdejmij z ognia. Doprawiamy do smaku świeżo zmielonym czarnym pieprzem i od razu podajemy.

<u>Informacje żywieniowe:</u>Kalorie: 191, Tłuszcz: 5 g, Węglowodany: 8 g, Białko: 27 g, Cukry: 0 g, Sód: 480 mg

Mieszanka Rzodkiewek Z Kurczaka Porcje: 4

Składniki:

10 rzodkiewek przekrojonych na pół

1 łyżka stołowa. organiczna oliwa z oliwek

2 łyżki posiekanego szczypiorku

1 C. bulion z kurczaka o niskiej zawartości sodu

4 rzeczy z kurczaka

Czarny pieprz

Adresy:

1. Rozgrzej patelnię z całym olejem na średnim ogniu, dodaj kurczaka, dopraw czarnym pieprzem i smaż przez 6 minut z każdej strony.

2. Dodaj bulion i rzodkiewki, zmniejsz ogień do średniego i gotuj na wolnym ogniu przez dwadzieścia minut.

3. Dodaj szalotkę, wymieszaj, podziel na talerze i podawaj.

4. Ciesz się!

Informacje żywieniowe:Kalorie: 247, Tłuszcz: 10 g, Węglowodany: 12 g, Białko: 22 g, Cukry: 1,1 g, Sód: 673 mg

Porcje Kurczaka Katsu porcje: 4

Czas gotowania: 20 minut

Składniki:

sos katsu

2 łyżki sosu sojowego

½ szklanki sosu pomidorowego

1 łyżka sherry

1 łyżka brązowego cukru

2 łyżeczki sosu Worcestershire

1 łyżeczka mielonego czosnku

Kurczak

1 funt filetu z piersi kurczaka, pokrojony w plastry

pieprz do smaku

Szczypta czosnku w proszku

1 łyżka oliwy z oliwek

1 ½ szklanki bułki tartej

spray do gotowania

Adresy:

1. Połącz składniki sosu katsu w misce. Odłożyć na bok.

2. Rozgrzej frytkownicę do 350 stopni F.

3. Dopraw kurczaka pieprzem.

4. Kurczaka obtaczamy w oleju i panierujemy w bułce tartej.

5. Umieść w koszu frytownicy.

6. Spryskaj olejem.

7. Smaż we frytownicy przez 10 minut z każdej strony.

8. Podawaj z sosem.

Gulasz z kurczaka i słodkich ziemniaków Porcje: 4

Czas gotowania: 40 minut

Składniki:

1 łyżka oliwy z oliwek extra virgin

2 ząbki czosnku, pokrojone

1 posiekana biała cebula

14 uncji (397 g) posiekanych pomidorów

2 łyżki posiekanych listków rozmarynu

Sól morska i mielony czarny pieprz do smaku

4 udka z kurczaka bez skóry

4 słodkie ziemniaki, obrane i pokrojone w kostkę

2 łyżki listków bazylii

Adresy:

1. Rozgrzej piekarnik do 375°F (190ºC).

2. Rozgrzej oliwę z oliwek na nieprzywierającej patelni na średnim ogniu, aż zacznie błyszczeć.

3. Dodaj czosnek i cebulę na patelnię i smaż przez 5 minut lub do momentu, aż cebula zacznie pachnieć, a cebula się zeszkli.

4. Dodaj pomidory, rozmaryn, sól i mielony czarny pieprz i gotuj przez 15 minut, aż lekko zgęstnieje.

5. Ułóż udka z kurczaka i słodkie ziemniaki na blasze do pieczenia, a następnie wlej mieszankę na patelnię z kurczakiem i słodkimi ziemniakami. Wymieszaj, aby dobrze pokryć. Wlej tyle wody, aby płyn pokrył kurczaka i słodkie ziemniaki.

6. Piec w nagrzanym piekarniku przez 20 minut lub do momentu, aż wewnętrzna temperatura kurczaka osiągnie co najmniej 165ºF (74ºC).

7. Wyjmij blachę do pieczenia z piekarnika i wlej do dużej miski. Posypać bazylią i podawać.

Informacje żywieniowe:kalorie: 297; tłuszcz: 8,7 g; białko: 22,2g; węglowodany: 33,1 g

; błonnik: 6,5 g; cukier: 9,3 g; sód: 532 mg

Żeberka z rozmarynem Porcje: 4

Czas gotowania: 2 godziny.

Składniki:

1½ funta (680 g) żeberek wołowych bez kości

½ łyżeczki czosnku w proszku

1 łyżeczka soli

½ łyżeczki świeżo zmielonego czarnego pieprzu

2 łyżki oliwy z oliwek

2 szklanki bulionu wołowego o niskiej zawartości sodu

1 szklanka czerwonego wina

4 gałązki rozmarynu

Adresy:

1. Rozgrzej piekarnik do 350ºF (180ºC).

2. Na czystej powierzchni roboczej natrzyj żeberka czosnkiem w proszku, solą i czarnym pieprzem. Odstaw na 10 minut.

3. Rozgrzej oliwę z oliwek na patelni żaroodpornej na średnim ogniu.

4. Dodaj żeberka i smaż przez 5 minut, aż się dobrze zrumienią.

Przekrój żeberka na pół. Przełóż żeberka na talerz i zarezerwuj.

5. Na patelnię wlej bulion wołowy i czerwone wino. Mieszaj, aby dobrze połączyć i doprowadzić do wrzenia. Zmniejsz ogień do niskiego poziomu i gotuj przez 10

minut, aż mieszanina zredukuje się do dwóch trzecich.

6. Umieść żeberka z powrotem na patelni. Dodać gałązki rozmarynu. Umieść pokrywkę na patelni, a następnie gotuj na małym ogniu w nagrzanym piekarniku przez 2 godziny, aż wewnętrzna temperatura żeberek wyniesie 165ºF (74ºC).

7. Przełóż żeberka na duży talerz. Odrzuć gałązki rozmarynu.

Wlać płyn z gotowania i podawać gorące.

Informacje żywieniowe:kalorie: 731; tłuszcz: 69,1 g; węglowodany: 2,1 g; błonnik: 0g; białko: 25,1g; sód: 781 mg

Frittata z kurczakiem, papryką i szpinakiem

Ilość porcji: 8

Składniki:

¾ w. mrożony posiekany szpinak

¼ łyżeczki czosnku w proszku

¼ c. posiekana czerwona cebula

1 1/3 szklanki drobno posiekanego ugotowanego kurczaka

8 jajek

świeżo zmielony czarny pieprz

1½ szklanki czerwonej papryki, posiekanej i pozbawionej nasion

Adresy:

1. Nasmaruj dużą wolnowar.

2. W misce dodaj jajka, czosnek w proszku i czarny pieprz i dobrze ubij.

3. Umieść pozostałe składniki w przygotowanym powolnym naczyniu.

4. Wlać mieszaninę jajek do mieszanki z kurczakiem i delikatnie wymieszać, aby połączyć.

5. Przykryj i gotuj przez około 2-3 godziny.

Informacje żywieniowe:Kalorie: 250,9, Tłuszcz: 16,3 g, Węglowodany: 10,8 g, Białko: 16,2 g, Cukry: 4 g, Sód: 486 mg

Grillowany kurczak Dal Porcje: 4

Składniki:

15 uncji opłukana soczewica

¼ c. niskotłuszczowy jogurt naturalny

1 mała posiekana cebula

4 w. bez kości, bez skóry, grillowany kurczak 2 łyżeczki. curry w proszku

1 ½ łyżeczki Olej rzepakowy

14 uncji pieczone pomidory pokrojone w kostkę

¼ łyżeczki soli

Adresy:

1. Rozgrzej olej w dużym, ciężkim rondlu na średnim ogniu.

2. Dodaj cebulę i gotuj, mieszając, aż zmięknie, ale nie zbrązowieje, 3 do 4 minut.

3. Dodaj curry w proszku i gotuj, mieszając, aż do połączenia z cebulą i intensywnego aromatu, 20 do 30 sekund.

4. Dodaj soczewicę, pomidory, kurczaka i sól i gotuj, często mieszając, aż się zagrzeje.

5. Zdejmij z ognia i dodaj jogurt. Natychmiast podawaj.

Informacje żywieniowe:Kalorie: 307, Tłuszcz: 6 g, Węglowodany: 30 g, Białko: 35 g, Cukry: 0,1 g, Sód: 361 mg

Taquitos z kurczaka Porcje: 6

Czas gotowania: 20 minut

Składniki:

1 łyżeczka oleju roślinnego

1 posiekana cebula

2 łyżki posiekanej zielonej papryczki chilli

1 posiekany ząbek czosnku

1 szklanka ugotowanego kurczaka

2 łyżki ostrego sosu

½ szklanki mieszanki serów o obniżonej zawartości sodu

pieprz do smaku

Tortille kukurydziane, na ciepło

spray do gotowania

Adresy:

1. Wlej na patelnię na średnim ogniu.

2. Gotuj cebulę, zielone chili i czosnek przez 5 minut, często mieszając.

3. Dodać pozostałe składniki oprócz tortilli.

4. Gotuj przez 3 minuty.

5. Dodaj mieszankę na tortille.

6. Zwiń tortille.

7. Rozgrzej frytkownicę do 400 stopni F.

8. Umieść w koszu frytownicy.

9. Gotuj przez 10 minut.

10..

Porcje wieprzowiny z oregano

porcje: 4

Czas gotowania: 8 godzin.

Składniki:

2 funty pieczonej wieprzowiny, pokrojonej w plastry

2 łyżki posiekanego oregano

¼ szklanki octu balsamicznego

1 szklanka koncentratu pomidorowego

1 łyżka słodkiej papryki

1 łyżeczka cebuli w proszku

2 łyżki chili w proszku

2 posiekane ząbki czosnku

Szczypta soli i czarnego pieprzu.

Adresy:

1. W wolnej kuchence połącz pieczeń, oregano, ocet i pozostałe składniki, wymieszaj, przykryj i gotuj na wolnym ogniu przez 8 godzin.

2. Podziel wszystko na talerze i podawaj.

Informacje żywieniowe:Kalorie 300, Tłuszcz 5, Błonnik 2, Węglowodany 12, Białko 24

Kurczak Zapiekany z Awokado Porcje: 4

Składniki:

2 łodygi zielonej cebuli pokrojone w cienkie plasterki

puree z awokado

170 g niskotłuszczowego jogurtu greckiego

1¼ g soli

4 piersi z kurczaka

15g sczerniałej przyprawy

Adresy:

1. Zacznij od umieszczenia piersi z kurczaka w zamykanej plastikowej torebce z poczerniałą przyprawą. Zamknij i potrząśnij, a następnie marynuj przez około 2-5 minut.

2. Gdy twój kurczak się marynuje, włóż grecki jogurt, puree z awokado i sól do blendera i pulsuj, aż będzie gładkie.

3. Umieść dużą patelnię lub żeliwną patelnię na kuchence na średnim ogniu, natłuść patelnię i smaż kurczaka, aż się ugotuje. Będziesz potrzebował około 5 minut z każdej strony. Staraj się jednak nie wysychać soków i od razu po ugotowaniu mięsa odłóż na talerz.

4. Polać mieszanką jogurtową.

<u>Informacje żywieniowe:</u>Kalorie: 296, Tłuszcz: 13,5 g, Węglowodany: 6,6 g, Białko: 35,37

g, cukry: 0,8 g, sód: 173 mg

Pieczone piersi z kaczki w pięciu smakach

Porcje: 4

Składniki:

1 łyżeczka proszku pięciu przypraw

¼ łyżeczki skrobi kukurydzianej

2 sok i skórka z pomarańczy

1 łyżka stołowa. sos sojowy o obniżonej zawartości sodu

2 funty. pierś z kaczki bez kości

½ łyżeczki soli koszernej

2 łyżeczki miodu

Adresy:

1. Rozgrzej piekarnik do 375°F.

2. Połóż kaczkę skórą do dołu na desce do krojenia. Przytnij cały nadmiar skóry, który wisi po bokach. Odwróć i wykonaj trzy równoległe ukośne nacięcia w skórze każdej piersi, przecinając tłuszcz, ale nie mięso. Posyp z obu stron proszkiem pięciu przypraw i solą.

3. Umieść kaczkę skórą do dołu na patelni na średnim ogniu.

4. Gotuj, aż tłuszcz się roztopi, a skórka nabierze złotego koloru, około 10 minut. Przenieś kaczkę na talerz; zlać cały tłuszcz z patelni. Umieść kaczkę z powrotem na patelni skórą do góry i włóż do piekarnika.

5. Grilluj kaczkę przez 10 do 15 minut na średnim ogniu, w zależności od wielkości piersi, aż termometr włożony w najgrubszą część wskaże 150°F.

6. Przenieś na deskę do krojenia; Odstaw na 5 minut.

7. Zgarnij pozostały tłuszcz na patelni (uważaj, uchwyt będzie nadal gorący); Umieść patelnię na średnim ogniu i dodaj sok pomarańczowy i miód. Doprowadzić do wrzenia, mieszając, aby zeskrobać zrumienione kawałki.

8. Dodaj skórkę pomarańczową i sos sojowy i kontynuuj gotowanie, aż sos nieco się zredukuje, czyli około 1 minuty. Wymieszaj mieszaninę skrobi kukurydzianej, a następnie wymieszaj z sosem; gotować, mieszając, aż lekko zgęstnieje, 1

minuta.

9. Usuń skórę z kaczki i cienko pokrój pierś. Skropić sosem pomarańczowym.

Informacje żywieniowe: Kalorie: 152, Tłuszcz: 2 g, Węglowodany: 8 g, Białko: 24 g, Cukry: 5 g, Sód: 309 mg

Kotlety schabowe z sosem pomidorowym

Porcje: 4

Czas gotowania: 15 minut

Składniki:

4 kotlety schabowe

1 łyżka oliwy z oliwek

4 posiekany szczypiorek

1 łyżeczka kminku, mielonego

½ łyżki ostrej papryki

1 łyżeczka czosnku w proszku

Szczypta soli morskiej i czarnego pieprzu.

1 mała czerwona cebula, posiekana

2 pomidory, pokrojone w kostkę

2 łyżki soku z limonki

1 posiekana papryczka jalapeño

¼ szklanki posiekanej kolendry

1 łyżka soku z limonki

Adresy:

1. Rozgrzej patelnię z olejem na średnim ogniu, dodaj dymkę i smaż przez 5 minut.

2. Dodać mięso, paprykę kminkową, czosnek w proszku, sól i pieprz, wymieszać, smażyć po 5 minut z każdej strony i rozłożyć na talerze.

3. W misce połączyć pomidory z resztą składników, wymieszać, podzielić razem z kotletami schabowymi i podawać.

Informacje żywieniowe:kalorie 313, tłuszcz 23,7, błonnik 1,7, węglowodany 5,9, białko 19,2

Toskański kurczak z pomidorami, oliwkami i cukinią

Porcje: 4

Czas gotowania: 20 minut

Składniki:

4 połówki piersi z kurczaka bez kości, bez skóry, rozbite do grubości od ½ do ¾ cala

1 łyżeczka czosnku w proszku

½ łyżeczki soli morskiej

⅛ łyżeczki świeżo zmielonego czarnego pieprzu

2 łyżki oliwy z oliwek extra vergine

2 szklanki pomidorków koktajlowych

½ szklanki pokrojonych zielonych oliwek

1 pokrojona cukinia

¼ szklanki wytrawnego białego wina

Adresy:

1. Na czystym blacie natrzyj piersi z kurczaka czosnkiem w proszku, solą i mielonym czarnym pieprzem.

2. Rozgrzej oliwę z oliwek na nieprzywierającej patelni na średnim ogniu, aż zacznie połyskiwać.

3. Dodaj kurczaka i gotuj przez 16 minut lub do momentu, aż temperatura wewnętrzna osiągnie co najmniej 165ºF (74ºC). Odwróć kurczaka w połowie czasu gotowania. Przełożyć na duży talerz i przykryć folią, aby się nie rozgrzały.

4. Dodaj pomidory, oliwki i cukinię na patelnię i smaż przez 4 minuty, aż warzywa będą miękkie.

5. Dodaj białe wino do rondla i gotuj na wolnym ogniu przez 1 minutę.

6. Zdjąć folię i przykryć kurczaka warzywami i ich sokami, po czym podawać gorące.

Informacje żywieniowe:kalorie: 172; tłuszcz: 11,1 g; białko: 8,2g; węglowodany: 7,9 g; błonnik: 2,1g; cukier: 4,2g; sód: 742 mg

Porcje Sałatki Wieprzowej porcje: 4

Czas gotowania: 10 minut

Składniki:

1 funt wieprzowiny na gulasz, pokrojonej w paski

3 łyżki oliwy z oliwek

4 posiekany szczypiorek

2 łyżki soku z cytryny

2 łyżki octu balsamicznego

2 szklanki mieszanki sałat

1 awokado, obrane, bez pestek i pokrojone w kostkę około 1 ogórka pokrojonego w plasterki

2 pomidory, pokrojone w kostkę

Szczypta soli i czarnego pieprzu.

Adresy:

1. Rozgrzać patelnię z 2 łyżkami oleju na średnim ogniu, dodać dymkę, mięso i sok z cytryny, wymieszać i smażyć przez 10

minuty.

2. W salaterce połącz sałatę z mięsem i pozostałymi składnikami, wymieszaj i podawaj.

Informacje żywieniowe:Kalorie 225, Tłuszcz 6,4, Błonnik 4, Węglowodany 8, Białko 11

Porcje wieprzowiny i fasolki szparagowej porcje: 4

Czas gotowania: 40 minut

Składniki:

2 funty wieprzowiny na gulasz, pokrojone w kostkę

2 łyżki oleju z awokado

½ szklanki zielonej fasoli, przyciętej i przekrojonej na pół

2 łyżki soku z limonki

1 szklanka mleka kokosowego

1 łyżka posiekanego rozmarynu

Szczypta soli i czarnego pieprzu.

Adresy:

1. Rozgrzej patelnię z olejem na średnim ogniu, dodaj mięso i smaż przez 5 minut.

2. Dodać pozostałe składniki, delikatnie wymieszać, doprowadzić do wrzenia i gotować na średnim ogniu przez kolejne 35 minut.

3. Podziel mieszankę na talerze i podawaj.

<u>Informacje żywieniowe:</u>Kalorie 260, Tłuszcz 5, Błonnik 8, Węglowodany 9, Białko 13

Porcje piersi z kurczakaporcje: 4

Czas gotowania: 20 minut

Składniki:

4 filety z piersi kurczaka

½ łyżeczki suszonego oregano

½ łyżeczki czosnku w proszku

pieprz do smaku

spray do gotowania

Adresy:

1. Dopraw kurczaka oregano, czosnkiem w proszku i pieprzem.

2. Spryskaj olejem.

3. Umieść w koszu frytownicy.

4. Smażyć na powietrzu w temperaturze 360 stopni F przez 10 minut z każdej strony.

Wieprzowina z Chili Cukinią I Pomidorami

Porcje: 4

Czas gotowania: 35 minut

Składniki:

2 pomidory, pokrojone w kostkę

2 funty wieprzowiny na gulasz, pokrojone w kostkę

4 posiekany szczypiorek

2 łyżki oliwy z oliwek

1 cukinia, pokrojona w plasterki

Sok z 1 limonki

2 łyżki chili w proszku

½ łyżki kminku w proszku

Szczypta soli morskiej i czarnego pieprzu.

Adresy:

1. Rozgrzej patelnię z olejem na średnim ogniu, dodaj dymkę i smaż przez 5 minut.

2. Dodać mięso i smażyć jeszcze przez 5 minut.

3. Dodaj pomidory i inne składniki, wymieszaj, gotuj na średnim ogniu przez kolejne 25 minut, rozłóż na talerzach i podawaj.

<u>Informacje żywieniowe:</u>Kalorie 300, Tłuszcz 5, Błonnik 2, Węglowodany 12, Białko 14

Wieprzowina z oliwkami Porcje: 4

Czas gotowania: 40 minut

Składniki:

1 posiekana żółta cebula

4 kotlety schabowe

2 łyżki oliwy z oliwek

1 łyżka słodkiej papryki

2 łyżki octu balsamicznego

¼ szklanki oliwek kalamata, wypestkowanych i posiekanych

1 łyżka posiekanej kolendry

Szczypta soli morskiej i czarnego pieprzu.

Adresy:

1. Rozgrzej patelnię z olejem na średnim ogniu, dodaj cebulę i smaż przez 5 minut.

2. Dodać mięso i smażyć jeszcze przez 5 minut.

3. Dodaj pozostałe składniki, wymieszaj, gotuj na średnim ogniu przez 30 minut, rozłóż na talerzach i podawaj.

Informacje żywieniowe:Kalorie 280, Tłuszcz 11, Błonnik 6, Węglowodany 10, Białko 21

Pasztet z łososia i koperku

Porcje: 4

Czas gotowania: 0 minut

Składniki:

sześć uncji gotowanego łososia, kości i skóry usunięte 1 łyżka posiekanego świeżego koperku

½ łyżeczki soli morskiej

¼ szklanki śmietany kremówki (do ubijania)

Adresy:

1. Weź blender lub robot kuchenny (lub zamiast tego dużą miskę z mikserem), wymieszaj skórkę z cytryny, łososia, gęstą śmietanę, koperek i sól.

2. Miksuj do uzyskania odpowiedniej konsystencji smoothie.

Informacje żywieniowe:Węglowodany 0,4 g Białko; 25,8 g Tłuszcz ogółem: 12 g Kalorie: 199 Cholesterol: 0,0 mg Błonnik: 0,8 g Sód: 296 mg

Pieczone jabłka z przyprawami Chai Porcje: 5

Czas gotowania: 3 godziny.

Składniki:

5 jabłek

½ szklanki wody

½ szklanki pokruszonych orzechów pekan (opcjonalnie)

¼ szklanki roztopionego oleju kokosowego

1 łyżeczka mielonego cynamonu

½ łyżeczki mielonego imbiru

¼ łyżeczki mielonego kardamonu

¼ łyżeczki mielonych goździków

Adresy:

1. Wytnij gniazda nasienne w każdym jabłku i usuń cienki pasek z wierzchu każdego jabłka.

2. Dodaj wodę do wolnowaru. Delikatnie umieść każde jabłko pionowo wzdłuż dna.

3. W małej misce wymieszaj orzechy włoskie (jeśli używasz), olej kokosowy, cynamon, imbir, kardamon i goździki.

4. Skrop miksturą jabłka.

5. Przykryj garnek i postaw na dużym ogniu. Gotuj przez 2 do 3 godzin, aż jabłka zmiękną i podawaj.

Informacje żywieniowe:Kalorie: 217 Tłuszcz ogółem: 12 g Węglowodany ogółem: 30 g Cukier: 22 g Błonnik: 6 g Białko: 0 g Sód: 0 mg

Chrupiące Porcje Brzoskwini porcje: 6

Czas gotowania: 20 minut

Składniki:

Nadziewany:

6 brzoskwiń przekrojonych na pół

1 łyżka cukru kokosowego

1 łyżeczka mielonego cynamonu

½ łyżki masła, pokrojonego w kostkę

Dodatek:

½ szklanki mąki uniwersalnej

½ szklanki cukru kokosowego

¼ łyżeczki mielonego cynamonu

¼ szklanki masła wegańskiego, pokrojonego w kostkę

Adresy:

1. Dodaj brzoskwinie do małej tortownicy.

2. Dodać pozostałe składniki nadzienia.

3. W misce wymieszać składniki na polewę.

4. Rozłóż polewę na brzoskwiniowej mieszance.

5. Smażyć na powietrzu w temperaturze 350 stopni F przez 20 minut.

www.ingramcontent.com/pod-product-compliance
Lightning Source LLC
Chambersburg PA
CBHW071239080526
44587CB00013BA/1681